리얼시리즈 시즌 ❷
1

엄마보다 진짜
나로 살아가는 법

당당한 나로 살길 원하는
4060 여성들에게 전하는 리얼스토리

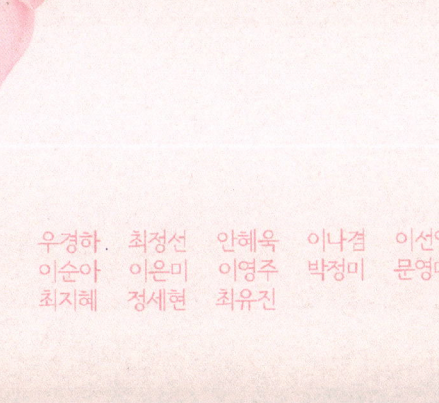

우경하　최정선　안혜욱　이나겸　이선영　이명희
이순아　이은미　이영주　박정미　문영미　김주현
최지혜　정세현　최유진

1

리얼스토리 시즌 ②

엄마보다 진짜 나로 살아가는 법

리얼시리즈 시즌 ❷
엄마보다 진짜 나로 살아가는 법 : 리얼시리즈 1

초판1쇄 발행 · 2023년 4월 10일 발행

지 은 이 · 우경하 최정선 안혜욱 이나겸 이선영 이명희 이순아 이은미
          이영주 박정미 문영미 김주현 최지혜 정세현 최유진

펴 낸 이 · 유정숙
펴 낸 곳 · 도서출판 등
총괄기획 · 우경하
관   리 · 류권호
디 자 인 · 김현숙
편   집 · 김은미, 이성덕

주   소 · 서울시 노원구 덕릉로 127길 10-18
전   화 · 02.3391.7733
이 메 일 · socs25@naver.com
홈페이지 · dngbooks.co.kr

정 가 · 18,000원

■ 이 책은 저작권법에 따라 보호받는 저작물이므로 무단 전재와 무단 복제를 금합니다.
■ 이 책의 전부 또는 일부를 이용하려면 저자와 도서출판 〈등〉의 동의를 받아야 합니다.

| 프롤로그 |

우리 인생에 주인이라는 가치

　이 책에는 엄마 보다 당당히 나로 살아가는 30~60여성들의 진솔한 삶의 이야기가 들어있다. '자신의 이름으로, 진짜 나로 살고 있는 여성들은 어떤 사연이 있을까? 이 궁금증과 질문이 이 책의 시작이었다. 책의 내용은 작가님들 소개, 어린 시절의 꿈, 실행하고 도전한 경험, 하고 있는 일, 바라는 미래 마지막은 나로 살고 싶은 여성들에게 주는 용기와 응원의 메시지로 구성되어 있다.
　이들은 누군가의 엄마, 아내, 며느리, 직원, 대표이기 전에 한 명의 여성이자 한 명의 '나' 라는 사람들이다. 그리고 우리의 아내, 엄마, 친구, 동료다. 우리 주변에서 흔히 만날 수 있는 여성들이다. 어느 순간 우리가 원하는 행복과 자유를 얻고 누리기 위해서는 용기가 필요함을 알게 되었다. 그 시작과 중심에는 언제나 내가 있다.
　나에게도 착하게 열심히 인생을 살았는데 행복하지 않은 않았던 경험이 있다. 무엇을 잘 못했는지 몰라 힘들었고 방황했다. 자유롭고 행복해지고 싶었다. 달라지고 싶어서 책, 사람, 강의 등을 통해 방법을 찾기 시작했다. 그러다 내 문제가 내가 나는 모른다는 것임을 알게 되었고 나를 알아야 행복해지고 내가 원하는 인생을 살 수 있다는 것을 알게 깨달았다.

　이런 경험과 깨달음이 내 인생을 바꾸어 놓았다. 늘 외부와 밖으로 향하던 관점과 시선이 안으로 나에게로 오기 시작했다. 그때부터 내 안에 있지만 보지 못했던 많은 것이 보이고 느껴지기 시작했다. 그곳은 신세계였고 광활했다. 수많은 아픔, 상처, 두려움과 기쁨, 행복, 기대 등의 감정들을 만났고 내 안에서 정화, 치유, 화해, 용서가 일어났다. 그리고 잠재력과 가능성이 커지기 시작했다. 이를 계기로 내 생각, 행동, 만나는 사람, 일 등이 바뀌었다.

　덕분에 감사하게도 모두의 '나'가 가장 소중하고 우리 인생의 주인이라는 가치를 전하는 일을 하는 사람이 되었다. 우리가 모두가 원하는 행복의 시작은 자기 발견이다. 행복도 느껴야 내 것이 되기에 느끼기 위해서는 나를 알아야 한다. 인생을 살아가는 데는 여러 가지 방법과 이유가 있지만 진짜 나로 살아가는 것이 가장 큰 가치다.

　우리의 경험과 용기를 담은 책이 엄마이기 전에 진짜 나, 행복한 나가 되고 싶은 분들에게 길잡이가 되길 바라는 마음으로 우리의 진솔한 이야기를 시작한다.

100권작가 나연구소 우경하 대표

목차

프롤로그 6 | 에필로그 278 |

우경하 진짜 나로 살아간다는 것의 의미   12

최정선 내가 선택한 꿈 보육교사 그리고 원하는 삶   22
내 안에 나를 어떻게 살게 할 것인가?
채워지지 않았다면 채우면 된다
현재 나는 보육교사이다
그림책 심리와 부모교육 강사, 작가의 꿈을 기대한다
원하는 꿈과 삶은 선택이다

안혜욱 인생의 중반쯤 진짜 나를 찾아서   40
진솔한 대화의 힘
외적 팽창에서 눈을 돌려 나에게로
글 쓰고 그림 그리며 마음 들여다보기
저는 주부입니다만
나의 의지로 사는 삶
'설렘'을 간직하며 살 수만 있다면

이나겸 이제껏 잘 살아왔어. 지금부터 시작이야!   58
50년 만의 나와 대화
일을 시작했다면 어떻게 하면 좋은가?
도대체 네가 하고 싶은 일은 뭐니?
보험 일로 경제적, 시간적 자유를 얻으리라!
삶이 끝나는 날까지 나는 무엇을 하며 살 것인가?
한 번뿐인 삶 활활 타올라야 한다. 삶이 다하는 순간까지

이선영 　진정성 있는 나로 살기를 간절히 꿈꾸는 나는 40대　　76
꿈과 호기심 많던 소녀
내 꿈은 행사와 방송 진행
영업이 이렇게 재미있는 일인 거야?
내 꿈을 향해 스펙을 쌓고 시간을 투자하기!
강점을 살리고 단점을 수용하는 나!
4060 여성들이여 마음아, 이겨라!

이명희 　내 삶의 주인으로 행복한 나　　96
매우 소극적이고 수줍음이 많았던 나
직업군인, 소소한 행복
남들보다 더 열심히 노력하고 배우고
나와 두 아들
내 직업의 발전과 건물주
나를 행복하게 하는 삶을 살자

이순아 　잘 산다는 것, 잘 살아간다는 것　　114
나를 소개한다는 건 상처를 치유하는 일이다
꿈은 언제든 바뀔 수 있지
작은 시간이 모여 큰 시간이 되다
일은 곧 '나'이다
잘 살아가는 사람이고 싶다
꿈은 이루어진다

이은미 　엄마보다 내 이름으로 살아가기　　132
세상에서 가장 빛나는 존재
사람의 마음을 안아주는 그림책 강사
나에게 온 소중한 손님
그림책을 통해 모두가 행복해지는 일
엄마라는 이름 안에 꽃처럼 화려한 보석
아름답게 당당하게 늙지 않는 삶

이영주 **40대에 완성할 나의 해방일지** 152
　　　　인생에 대한 애정과 감사가 넘치는 사람
　　　　생계형 국제무대 전문가
　　　　Ph.D. 갑옷 입기 위한 고군분투
　　　　해외 근무를 통해 나의 정체성과 삶의 방향성 확인
　　　　지식, 지혜, 사랑을 갖춘 사람 키우는 리더
　　　　자기 확신을 가지고 소통하는 행복한 사람이 됩시다

박정미 **아름다운 날을 위해** 170
　　　　행복을 꿈꾸며 성장하다
　　　　배움으로 행복해지다
　　　　결혼으로 성장하다
　　　　가정에서 성장하다
　　　　아름다운 미래를 준비하다
　　　　행복한 마음을 나눠주자

문영미 **세상을 향해 날아보자** 190
　　　　시작
　　　　꿈꾸다
　　　　약속
　　　　작가와 강사로의 삶
　　　　버킷리스트 채워가기
　　　　날아보자

김주현 **나의 설렘** 206
　　　　타고난 사주이지만 타고난 엄마는 없다
　　　　꿈이 없던 나
　　　　디테일
　　　　갑과 을
　　　　현명한 왕
　　　　성장판 같은 자존감

최지혜　**아무것도 하지 않으면 아무 일도 일어나지 않는다**　224
　　　　K-장녀로 살아가기
　　　　남의 시선 남의 인생 살려고 하지 말고 나를 위해 살자
　　　　선택했다면 바로 행동해라
　　　　나는 현재 보험영업인으로 살아가고 있다
　　　　지금의 자리에 안주하지 않고 끊임없이 도전할 것이다
　　　　어떤 삶을 살아갈 건지는 오롯이 나의 선택이다

정세현　**일어나 같이 가자꾸나, 나의 인생아**　242
　　　　어부의 딸
　　　　꿈 그 허탈함
　　　　이제부터는 진정으로 내 인생을 살리라
　　　　일
　　　　소탈한 인생, 세상을 이롭게 하는 더욱 좋은 일
　　　　메시지

최유진　**두 아이의 엄마, 커리어 우먼이 되다**　260
　　　　낙천적으로 살아온 현재 33세
　　　　내가 되고 싶은 것을 이루지 못했을 때의 나
　　　　두려워하지 마라, 해보고 고민에 빠져라
　　　　어쩌다가 마주한 일, 천직이 되다
　　　　건강을 이길 수 있는 건 없다
　　　　서툴더라도 네 인생을 응원해

○ 나연구소 대표
○ 인생이변하는서점 대표
○ 한국작가협회 초대회장
○ 책쓰기 전문가
○ 전자책 개인코칭 강의
○ 공동저서 기획출판 전문
○ 닉네임 : 100권 작가
○ 네이버검색: 우경하

이메일 dancewoo@naver.com
블로그 https://blog.naver.com/dancewoo
연락처 010-7533-3488

우경하

01
진짜 나로 살아간다는 것의 의미

시도하고 도전하며 길을 만들고 있다

    15년간의 직장생활을 마감하고 20년 4월 1일부터 1인 기업으로 사업을 시작했다. 모두의 '나'가 세상에서 가장 소중하다는 가치를 전하고자 [나연구소]를 설립했다. 하고 싶은 일들이 많아 끊임없이 시도하고 도전하며 길을 만들고 있다.

    하고 싶은 일만 하며 살고 좋아하는 사람만 만나며 살고 싶고 될 수 있는 최고의 내가 되어 내일 죽어도 후회 없는 인생을 사는 꿈을 실천하고 있다. 위대하고 거대한 나만의 왕국을 건설하고 있다.

진짜 나로 살아간다는 것의 의미

진짜 나로 살아간다는 것의 의미

내게 어떻게 살아가는 것이 가장 가치 있는 인생이냐고 묻는다면, 나는 바로 '진짜 나로 살아가는 것'이라고 답하고 싶다. 이런 생각을 가지게 된 이유는 과거의 내가 진짜 나로 살아가지 못했기 때문이다. 나를 몰라 인생이 힘들고 행복하지 않았던 시간 덕분에 나로 살아가는 것의 의미와 중요성을 깨닫게 되었다. 그리고 그런 깨달음으로 진짜 나로 살아가는 메시지를 세상에 전하는 사람이 되었다.

그렇다면 어떤 인생이 진짜 나로 살아가는 인생일까? 내가 생각하는 진짜 나로 살아간다는 것의 의미는 내 마음의 소리를 듣고 내가 원하는 일을 하며 성장하는 사람이 되는 것 그리고 그를 통해 사람들을 행복하게 하고 세상에 가치 있고 유익한 존재가 되는 인생을 사는 것이다. 남의 말을 듣고 남의 원하는 인생이 아닌 원하는 내가 되고, 원하는 일을 하면서 세상을 더 나은 곳으로 만드는 인생 말이다. 이 모든 것의 시작은 내가 내 인생의 주인으로 당당히 살아가겠다는 선택하고 결심하는 것이다.

과거의 나도 그랬지만 많은 분이 내 인생의 주인이 되어 진짜 나로 살아가지 못하는 이유는 무엇일까? 나는 그 이유가 우리나라의 유교 문화와 학교 교육에서 비롯한다고 생각한다. 우리는 어려서부터 가정 학교 사회에서 어른들부터 이웃을 공경하고, 남을 먼저 배려하고, 겸손해야 한다고 듣고 배우고 자랐다. 그랬기에 생각과 감정 표현을 자신 있게 하지 못하고 남들의 눈치를 살피게 된다. 이런 분위기가 자존감을 낮게 만드는 원인이라고 생각한다. 이런 억눌림 등의 쌓임이 원인이 되어 많은 분의 마음을 힘들게 하고 병을 가져온다 생각한다.

어린 시절, 나도 남의 말을 잘 듣는 것이 최고의 가치라고 믿고 살았다. 늘 착한 사람 좋은 사람이 되어야 한다고 생각했다. 그랬기에 남들에게 싫은 소리와 거절 등을 하지 못하고 살았다. 늘 남들에게 좋은 사람이 되어야 한다는 생각에 기분이 나빠도 내 감정을 적절히 표현하지 못했다. 표현하는 방법을 몰랐고 표현해야 한다는 것과 표현해도 된다는 것을 몰랐다. 늘 마음이 답답하고 무거웠다. 이런 세월이 길었고, 무거운 돌덩어리가 내 마음을 무겁게 눌렀다.

덕분에 자연스럽게 눈에 보이지 않는 것들에 관심이 가기 시작했다. 책과 영상들을 보면서 마음공부, 인생 공부, 나 공부를 하게 되었다. 또한 공부하면서 내 마음의 소리를 듣고 관찰하는 법을 알게 되었다. 그때부터 나에게 집중하기 시작했다. 내 마음의 소리를 듣기 시작했고 내 생각 마음 감정을 관찰하기 시작했다. '내가 원하는 것이 무엇인지?' 어떤 사람이 되어 어떤 인생을 살고 싶은지 질문했다.

이때부터 외부로, 남에게로 향하던 시선이 안으로 나에게로 향하기 시작했다. 나를 보니 내 안에 있는 수많은 것이 보이기 시작했다. 아픔과 상처 그리고 소망과 열정이 보였다. 내 안에 '나' 라는 또 하나의 거대한 세상이 있음을 깨달았다. 스스로 정화 치유할 수 있는 힘이 이미 내 안에 있음을 알게 되어 나를 정화 치유하면서 비로소 나를 사랑하게 되었다.

감정 정화 치유 프로그램인 호오포노포노의 미안 용서 감사 사랑, EFT의 사랑법을 통해 내 감정을 치유하게 되었고, 사랑의 진짜 의미를 깨달았다. 자기 사랑이 가장 위대한 사랑이고, 자기 자신을 사랑하는 사람이 가장 지혜로운 사람임을 알게 되었다. 내가 나를 사랑하게 되고, 내가 나의 가장 친한 친구가 되자 마음이 편해지고 따듯해지기 시작했다.

내가 원하는 것이 무엇인지 알게 되자 나는 달라지기 시작했다. 내가 원하는 것은 성장 자유 평화였다. 원하는 것이 보이자 그것들을 이루기 위해 나는 행동하기 시작했다. 내 안에 있는 수많은 잠재력과 가능성이 깨어나는 느낌이 들었다.

그동안 내가 성장하지 못하고 변하지 못했던 이유가 인생을 살면서 내 무의식 속에 쌓인 고정관념과 편견임을 알게 되었다. 내 고정관념과 편견이 하나씩 깨어지고 바뀌기 시작했다. 생각들이 바뀌어 가자 내 눈빛이 달라졌고 행동이 바뀌었다. 그러면서 내가 원하는 삶을 살기 위해, 그런 인생을 이미 살고 있는 사람들을 만나기 시작했다. 그리고 생산자가 되기 위해 매일 글을 쓰기 시작했다. 이런 시간이 쌓여서 지금의 내가 되었다. 마침내 지금의 나는 내가 원하는 인생을 살아가고 있다. 나와 결이 잘 맞는 사람들, 나를 필요로 하고, 내가 필요한 사람들과 함께 더 큰 가치를 만들어 가고 있다.

지금의 나는 [나연구소]라는 이름으로 모두의 '나'가 가장 소중하고, 각자자 자기 인생의 주인이라는 가치와 메시지를 전하고 있다. [나연구소]를 통해 나를 찾아가는 분들을 보며 보람을 느끼고 있다. 우리는 많은 것을 함께 공유하고 나누면서 성장하고 있고, 한 번뿐인 소중한 인생을 누리고 즐기고 있다. 매일 블로그에 글을 쓰고 함께 책을 만들면서 당당히 나를 세상에 내보이고 있다.

나는 오랫동안 나를 모르고 살았던 결핍과 질문, 글쓰기, 마음 관찰로 나를 알아갔던 경험으로 나로 살아가는 가치를 깨달았다. 그를 통해 [나연구소]를 만들게 되었고, 남들에게도 진짜 나로 살아가는 기쁨을 전하고 있으며 더 많은 분에게 더 큰 가치를 전하기 위해 노력하고 있다.

우리 인생에서 가장 확실한 두 가지가 있다면, 사람은 모두가 죽는다는 것이고 언제 죽을지 아무도 모른다는 것이다. 이 진실은 우리에게 인생을 어떻게 살아야 하는가를 생각하게 한다.

나 또한 예전에는 실행력이 좋지 못했고 나약한 사람이었다. 그랬던 나 공부와 죽음 가까이 가본 경험을 통해 나와 삶의 가치를 새롭게 정의하고, 지금은 다른 사람이 되어 인생을 살고 있다. 세상에 존재하는 모든 것은 우리는 위해 존재한다. 필요한 것이 있다면 세상에 원하고 구하면 된다. 이미 나보다 경험 많고 지혜로운 사람들이 많다. 필요한 것이 있다면 자신 있게 사람들에게 물어보고 요청해서 내 것으로 만들어 가자.

언제나 우리가 원하는 모든 것은 우리 안에 있다. 모두가 자신 안에 있는 내면의 빛과 진실을 찾아내 인생의 주인으로 당당히 살아가길 원한다. 유익하고 지혜로운 사람이 되어 행복한 인생을 살아가고 자신의 가치를 통해 세상을 더욱 아름답게 빛나게 하는 사람들이 되었으면 좋겠다. 그를 통해 한 번뿐인 우리의 인생 후회 없이 재미있게 살아가자.

영화 〈버킷리스트〉의 질문과 대사가 오랜 시간 기억에 남는다. "천국의 입구에서 신이 2가지 질문을 해", "삶의 기쁨을 찾았나?, 남들에게 기쁨을 주었나?" 우리의 인생에는 다양한 가치가 있지만, 삶의 기쁨을 찾는 것이 중요하다는 말에 매우 공감한다. 그리고 나만의 기쁨이 아니라 나를 통해 남도 기쁨을 주는 것이 행복이다. 우리가 원하는 진정한 기쁨은 진짜 나로 살아가는 것이다.

당당하게 자신의 이름으로 살고 있고 용기 있게 자신의 경험을 나누어주신 작가님들에게 다시 한번 감사와 응원의 말을 전한다. 원고를 쓰면서 각자의 인생의 과거 현재 미래를 돌아보고, 그려보는 의미 있는 시간이 되었을 것이라 생각한다.

더불어 진짜 나로 살아가길 원하는 많은 분이 우리의 책을 통해 좋은 인사이트를 얻고 용기와 희망을 얻기를 바란다. 모두가 세상에서 가장 소중한 나를 사랑하고 각자 인생의 주인으로 살아가는 행복하고 아름다운 세상을 꿈꾼다. 우리가 원하는 모든 것은 우리 안에 있다. 우리 안의 진실과 빛은 어두운 세상을 밝히는 등불이 될 것이다.

- 현)국공립 어린이집 원감
- 아동학사, 사회복지학사
- 그림책심리지도사
- 동화작가심리지도사
- 글과 그림책을 쓰는 작가

이메일 slowly1003@naver.com
블로그 https://blog.naver.com/slowly1003
연락처 010.5833.3568

최정선

02

내가 선택한 꿈 보육교사
그리고 원하는 삶

어린이집에서 근무하면서 가끔 슬럼프가 찾아왔다. 그럴 때마다 '나'에게 질문을 던졌다. '내가 잘하는 일은?', '내가 좋아하는 일은?', '이 일을 왜 하고 있지?', '일이 왜 힘들다고 느껴질까?' 이렇게 질문을 던지면서 찾고 있었다. 휴직하고 다양한 책과 강의를 통해 깨닫게 되었다. 나는 '재미'가 없으면 그 일을 내려놓고 싶어 하고 그곳에서 벗어나고 싶어 했다. 그래서 시작한 것이 [재미 The dream project]이다.

내가 잘하는 일은 아이들을 가르치는 일이다. 보육과 교육 현장에서 20년이 넘도록 아이들과 함께하고 있다. '무엇을 하면 아이들이 재밌어할까?'를 매일 고민하고 찾아서 함께 놀이한다. 재미있게 놀이하면 하루가 즐겁다. 또한 내가 좋아하는 것, 손으로 만드는 일도 현장에서 매일 하고 있다. 그렇게 하루, 이틀이 쌓여 나는 성장했다.

'내가 좋아하고 잘하는 것이 무엇일까?'를 오랫동안 구하고 찾고 두드렸다. 이제는 그 답을 멀리서 찾지 않기로 했다. 내가 선택한 것, 결국 내가 있는 곳에 답이 있다. 보육 현장은 힘든 일이 많다. 하지만 가장 나다운 모습으로 지금 아이들과 함께하고 있기에 행복하고 감사하다. 그리고 분명 나는 내가 원하는 삶을 살고 있고 앞으로도 그럴 것이다.

내가 선택한 꿈
보육교사
그리고 원하는 삶

　어린시절, 시골에서 6살까지 살았다. 부모님의 돌봄이 아닌 할머니가 키워주셨다. 5살 또래 친구가 "너 엄마 없잖아!"란 말을 한 적이 있다. 그때 나는 그 친구에게 달려가 머리채를 잡고 "나 엄마있거든." 말하며 동네 한복판에서 싸웠던 기억이 난다. 엄마… 그 단어는 어려서부터 내 가슴에 사무쳤다.

　아빠는 내가 6살이 되던 해에 재혼을 하셨다. 계모는 감정 조절 능력이 현저히 떨어졌고 폭력적이었다. 12살 계모가 돌아가시기 전까지 모든 집안일은 내 몫이었다. 밥을 맛있게 먹은 기억이 없었다. 무서워서 살기 위해 그냥 먹었고, 버림받을 것이 너무 두려워서 숨죽이며 다락방에서 버텼다. 이런 상황을 잘 몰랐던 아빠도 내 보호자는 아니었다. 부모로부터 받은 정신적, 육체적 상처가 너무 크다.

　이런 과정을 겪으며 성장한 나는 사람들과 관계 맺는 것이 무서웠다. 나에 대해 어떻게 생각할까를 걱정했기 때문이다. 내면이 단단하지 않은 아이였기에 타인의 시선을 의식했고, 평가받는 것을 두려워했다. 친구, 연인과의 관계도 버림받을 것에 대한 두려움으로 늘 가슴 졸였다.

초등학교 수업시간, 자리에서 일어나 책을 읽거나 발표를 할 때면 온몸이 사시나무 떨듯 떨리고 현기증과 함께 식은땀을 흘렸다. 남들 앞에 서는 것은 두려웠지만 노래하는 것은 좋아했다. 6학년 음악 시험으로 '과수원길' 동요를 교탁 앞에서 불렀던 기억이 난다. 어디에 시선을 두고 불러야 할지 정신이 없었다. 노래가 끝나고 "박수!"하며 선생님께서 말했다. 태어나 처음으로 칭찬을 받았다. 그때부터 합창단, 중창단, 교회에서 성가대, 찬양단 등 노래를 하는 자리에 서게 되면서 고개를 숙이지 않고 앞을 바라보면서 세상이 보이기 시작했다. 고등학생이 되면서 조금씩 당찬 모습을 보였다. 하지만 그건 자존심이었다. 자존감이 부족한 상태로 사회생활을 하면서 속 빈 강정처럼 고집과 자존심만 강했다. 자존감은 그냥 채워지지 않았다. 삶의 실수와 실패가 연속되었고 그렇게 서른 중반이 되었다.

아픔에서 벗어나 행복해지고 싶었다. 책을 읽어도 머리로는 이해가 되지만 마음에서 받아들임과 변화가 없었다. "구하고 찾고 두드리라 그리하면 너희에게 열릴 것이니." 누가복음 11장 9절 말씀을 놓고 원하고 바라는 마음으로 배우자를 위해 기도했다. 가장 좋은 때에 지금 남편을 만났다.

남편은 자신을 잘 알고 타인을 배려할 줄 아는 사람이다. 삶을 대하는 태도가 긍정적이고 지켜야 하는 약속은 지킨다. 일을 처리할 때 급한 것과 기다림이 필요한 것을 구별해서 진행한다. 공과 사는 구별하면서 감정적으로 일을 처리하지 않는다. 자신의 꿈이 분명하며 계속 성장해 나가고 있다. 무엇보다 성품이 온유하며 유머가 있는 사람이다.

자존감이 부족한 내가 무엇이든 할 수 있도록 늘 발판이 되어준다. 상처받을 일이 없다는 믿음과 안정감을 느끼게 한다. 내가 원할 때 바로 응답해 주고, 어떤 상황과 형편에서도 일관성이 있다. 무엇보다 어떤 말이든 들어주며 이해하는 개방적인 사람이다. 내 삶의 안전 기지를 만나 자존심이 강한 모습이 점차 자존감으로 채워졌다.

내 삶에 엄마란 존재가 서글프게 기억되고 아픔이었기에 아이들에게는 '건강하게 오래 사는 엄마'로 삶의 목표를 잡았다.

내 안에 나를 어떻게 살게 할 것인가?

초등학교 5학년 때 '장래 희망'을 쓰는 숙제가 있었다. 그때 며칠을 고민하고 쓴 나의 장래 희망은 '유치원 교사'였다. 그 숙제가 결국

내 꿈이 되었고 나는 지금도 꿈속에 살고 있다. 난 왜 유치원 교사가 되고 싶었을까?

내 꿈은 어려서 내가 받지 못한 사랑, 따뜻함을 아이들과 함께 지내면서 느끼고 싶었던 바람에서 시작되었다. 어려서 부모님의 관심과 칭찬 그리고 사랑을 온전히 받지 못했다. 학대 속에서 컸기 때문에 내 안에 결핍은 너무 컸다. 하지만 지금 돌아보니 힘든 환경을 이겨낼 힘이 내 안에 있었다. 감사하게도 어린 시절 장래 희망을 꿈과 연결 지어서 지금도 함께 하고 있다.

꿈 이야기를 하면 엄마 이야기를 해야 한다. 나를 낳아주신 친엄마는 계모가 12살에 돌아가시고 난 뒤에 연락이 닿았다. 아빠와 엄마가 다시 연락을 주고받으면서, 13살 여름방학 때 처음 속초에 가서 엄마를 만났다. 첫 만남 전 편지를 몇 통 주고받았고 전화 통화를 했다. 기대하며 설레였던 첫 만남은 정말 어색했다. 엄마의 얼굴을 제대로 보지 못했다. 헤어지고 돌아와 엄마의 얼굴이 기억나지 않았다. 용기 내어 전화 통화할 때 사진을 보내달라고 이야기했다.

사진을 보면서 그제야 엄마의 얼굴을 제대로 보았다. 중학교에 입학하고 고등학교 진로 결정을 해야 할 때 내 꿈은 엄마와 함께 사는 것이었다. 실업고를 선택했고 입학했다. 정말 열심히 공부했다. 기초 실력이 없어서 공부는 쉽지 않았다. 엄마와 함께 살기 위한 목표로 실업고에서 다양한 자격증을 취득해서 안정적인 곳에 취업할 수 있도록 인정을 받아야 했다. 그것을 목표로 이해가 안 되면 암기하고 외워서 우수한 성적을 냈다. 그러다 고2, 3월이 시작되었을 때 엄마는 갑자기 쓰러지셨고 입원한 지 3일 만에 돌아가시고 말았다.

삶의 의미를 잃었다. 꿈? 더 이상 필요 없었다. 아빠를 원망했고, 집을 나와 교회에서 생활했다. 등교한 뒤에는 책상에 엎드려 잠만 자고 책은 펼치지 않았다. 내 상황을 아셨기에 담임선생님께서는 아무 말 하지 않으셨다. 가출하고 방황하며 힘든 사춘기를 보냈다. 그렇게 한 학기를 보내고 진로를 결정해야 하는 2학기가 되었다. 담임선생님께서 입시반과 취업반 중 어느 반으로 갈지 선택하라셨다. 그때 정신을 차렸다. 집으로 들어가 아빠한테 "나 대학 갈 거야."를 선포하고 학교 앞 독서실을 끊어달라고 요구했다. 독서실과 학교를 오가며 그때부터 다시 공부하기 시작했다.

열심히 공부한 결과 수능 점수는 모의고사 성적보다 40점이나 더 나왔다. 진학반에서 모두의 박수를 받았고 성적에 맞추어 원하는 대학과 과를 3곳 지원했다. 그해가 IMF가 시작된 해다. 아빠는 학비가 비싸면 대학을 보내기 어렵다고 말해 결국 과 수석으로 입학금과 등록금이 면제되는 곳을 선택했다. 나의 장래 희망이었던 유치원 교사와는 거리가 먼 국제통상학과였다. 하지만 고등학교 때 배웠던 부분과 조금 연결이 되어서 공부하는 건 어렵지 않았다. 꿈을 포기할 수 없어 성적 관리를 하며 편입을 결심했다. 대학 2학년까지 좋은 성적으로 아동복지학과로 편입할 수 있었다.

편입을 하면서 꿈과 장래 희망이 연결 지어졌다. 내 안에 결핍이 따뜻한 사랑으로 채워지기 위해 유치원 교사가 되고 싶었다. 보육교사로 일을 시작했을 때, 나의 내면 아이는 딱 그 나이였다. 매일 아이들과 함께 하면서 점점 내 안에 따뜻한 사랑이 채워졌다. 더불어 안전 기지로 남편의 사랑이 더해지면서 내면이 단단해지고 자존감이 채워졌다. 조금씩 성장하면서 아이들에게 사랑을 나누어 줄 수 있는 보육교사가 되었다. 아이답게, 어른답게, 더불어 행복한 바람이 조심씩 이루어지면서 내 삶의 주인공으로 살아간다.

채워지지 않았다면 채우면 된다

아동복지학과로 편입하고 처음에는 너무 좋았다. 드디어 내가 원하는 것을 이룬 느낌이었다. 하지만 학교생활에 적응하기가 어려웠다. 낮은 자존감으로 자존심만 강했다. 그런 나에게 무기력이 찾아왔다. 2년 동안 함께했던 친구들과 적응하고 다녔던 학교가 더 그리웠다. 분명 나는 원하는 목표를 이루었는데 왜 그렇게 위축되고 두려웠을까?

함께한 친구들 없이 새로운 곳에서 학교생활을 시작한다는 것은 나에게 공허함과 버려진 듯한 감정을 느끼게 했다. 혼자 학교 생활을 하게 되면서 무기력이 찾아왔고 이상하게 버림받았다는 감정에 사로잡혔다. 주변을 둘러보면 위축되고 알 수 없는 두려움과 불안이 커졌다. 대인 기피와 공포증으로 결국 학교를 한 학기 다니고 자퇴를 선택했다. 그렇게 자퇴를 선택한 순간, 나는 어떤 소속감도 없이 정말 공중에 떠 있는 상태가 되고 말았다.

무엇이든 하지 않으면 불안이 큰 나는 자퇴 후 취업을 해서 돈을 벌겠다는 결심했다. 실업계 고등학교에서 다양한 자격 취득을 해 두어서 사무업무를 처리할 수 있었다. 작은 회사의 사무직으로 이력서를 제출하고 취업을 했다. 일을 하며 내가 원했던 교사의 꿈을 이루기 위해 자격 취득과정을 알아보았다. 1년 뒤 퇴사하고는 보육교사 양성교육원에서 교육을 받아 보육교사 자격을 취득했다. 자격 취득과 동시에 처음 이력서를 제출한 곳에 바로 취업이 되었다. 근거리가 아닌 집에서 한 시간을 버스로 이동하는 거리에 위치한 어린이집이었다. 내가 하고 싶은 꿈을 이루는 데 우여곡절이 있었지만, 시작할 수 있어서 너무 행복했다.

그때는 교사 대 아동의 비율에 제한이 없었다. 4살 아이들 16명을 한 반에서 눈코 뜰 새 없이 살폈다. 화장실 갈 시간이 없었다. 일을 시작하고 몇 달 지나지 않아 부인과 질환으로 산부인과 진료를 보기 시작하면서 염증이 발생해 주기적으로 치료를 받아야 했다. 그래도 몸이 아픈 것보다 아이들과 함께 일하는 것이 더 좋았다. 그렇게 1년 넘도록 그 거리를 오가며 열정적으로 일했다.

일을 하면서 그곳 원장님께서 가능하면 대학교 졸업을 하는 것이 좋겠다고 권유하셨다. 사실 다시 다니는 것이 두려웠다. 스스로 두 번이나 학교 자퇴서를 내면서 경험한 그 공허함과 무기력함을 혹시라도 또 느낄까 걱정이 되었다. 무엇보다 어울림에 있어서 괜찮을지가 염려스러웠다. 그래서 알아본 방법이 학점은행제를 통해서 학사 과정을 이수하는 것이었다. 어린이집 일을 계속하면서 5과목씩 학점을 매 학기 이수해서 먼저 사회복지학사 학위를 취득했다. 이전 대학교에서 이수한 전공 및 교양과목이 어느 정도 학점 인정되어서 2년 만에 정식 대학교는 아니지만, 학위 취득으로 대학교 졸업 자격을 갖추었다.

일하면서 공부를 계속했다. 남들처럼 정규대학교 과정을 이수한 것 못지않게 자신감을 갖고 싶었다. 내면의 채워지지 않은 학업에 대한 욕심이었는지도 모르겠다. 다시 2년을 더 공부해서 아동학사까지 취득하고 난 뒤 스스로 조금 만족감을 느꼈다. 시간이 많이 지난 지금, 기회가 된다면 대학교에 다시 입학하고 싶다. 지금은 예전과 다른 '나' 이기에 위축되거나 두려움 없이 즐기면서 배우는 모습을 상상하게 된다. 그런 기회를 앞으로 만들어서 배움에 대한 아쉬움을 채우려 한다.

현재 나는 보육교사이다

　보육교사는 아이들을 사랑하는 마음이 기본 바탕이다. 다양한 놀이를 통해 자극을 주고 영유아가 성장할 수 있도록 돕는 것에 능숙해야한다. 동료들과의 관계에서 기본적인 예의를 갖추며 대하고, 사적인 범위를 넘지 않는 선을 지키며 협업하는 것이 교사의 모습이다. 너무 격식을 차리는 것이 아닌 융통성 있는 태도와 유머 감각을 가지고 일한다. 학부모와의 관계도 아이를 사랑하는 마음으로 안내하며 영유아를 바르게 성장시키는 것에 집중한다. 무엇보다 어린이집과 가정이 연계되도록 보육 방법을 이야기하는 나는 보육교사이다.

　내면이 작고 견고하지 않은 상태에서 보육교사를 시작했다. 아이들과 함께 하면서 아이들과 어떻게 지내야 할지 현장에서 계속 부딪히고 배우는 과정을 지금까지 하고 있다. 그런 과정을 통해 나는 내면이 단단해졌고, 아이들을 수용할 수 있는 교사가 되었다. 내 안에 위축되고 자신감 없는 내면 아이가 아니라, 지금은 자존감이 채워진 어른의 모습이다.

보육교사를 하면서 고민을 많이 한 적도 있다. 몸은 어른인데 마음에 불안이 크고 아이들을 온전히 이해할 수 없는 나만의 프레임이 너무 강한 나를 직면하는 순간이었다. 그래서 때때로 화가 나기도 하고 아이들을 내 마음대로 하고 싶은 욕구가 올라올 때가 있었다. 신체적으로 아동학대는 아니었지만, 정서적으로 학대를 하는 내 모습을 보게 된 것이다. 자책하며 이건 아이들을 사랑하는 교사다운 모습이 아니란 생각이 머릿속이 가득 찼다. 또 한 번 공허함과 무기력함을 느낀 때였다.

잠시 휴식 시간을 가지면서 상담을 통해 온전히 나를 점검해 보는 시간을 가졌다. 1년 동안 심리 상담을 받고 심리 상담 공부를 했다. 그 시간 동안 내면 아이를 만나면서 나의 결핍에 직면했다. 부모로부터 받아야 했던 애착, 사랑이 내면에 없었던 것이다. 사랑으로 단단하게 채워지지 않은 나는 아무것도 모르는 그저 아기였다.

그래서 그 아이들에게 어떻게 해 줘야 할지 몰라서 이론적으로만 접근을 했다. 이론과 실제가 부딪혔을 때 내면이 어른이었다면 다양한 방법을 동원했을 것이다. 하지만 내면 아이가 아기 수준이었기에, 진정으로 사랑할 줄 몰랐고 바르게 가르치는 훈육 방법이 어려웠다.

지금은 내면이 단단한 어른이다. 사랑도 흘러넘치는 정도는 아니지만 나눌 수 있을 만큼 가지고 있다. 내가 성숙해지는 만큼 나에게 많은 기회가 주어졌다. 민간, 가정 어린이집 보육교사의 경험 이후 어린이집을 직접 운영도 했고, 이후 법인 어린이집에서 주임 교사로 근무하면서 원을 운영한 경험도 있었기에 능력을 인정받았다.

능력을 인정받는다는 것은 그만큼 책임이 따른다. 그 책임의 무게는 내가 감당할 수 있을 만큼의 한계를 내가 정해야 한다. 너무 큰 기대감이 버거워서 주임 교사를 내려놓았다. 삶은 내가 아닌 누군가의 기대에 부응하면서 선택하고 사는 것이 아니다. 삶의 주인은 온전히 나로부터 시작되고 선택되어야 한다. 나는 잠시 혼자만의 시간을 가졌다.

지금은 국공립 어린이집에서 근무하고 있다. 원장님과 보육교직원 간의 협력을 돕는 원감으로서 역할을 하고 있다. 아이들과 놀이하고 동료들과 협업하면서 재미있게 즐기며 하루일과를 보내고 있다. 지금 나는 보육교사로 충분히 만족스럽고 행복하다.

그림책 심리와 부모교육 강사, 작가의 꿈을 기대한다

지금 보육교사로 만족한다는 것이 앞으로도 계속 그러하다는 뜻은 아니다. 내가 앞으로 원하는 삶은 내가 온몸으로 겪은 경험들이 누군가에게 힘이 되고 도움이 되어주는 사명을 감당하는 것이다. 보육교사의 직업은 자라나는 아이들에게 내가 가르치고 도움을 주는 그 역할이다. 그 또한 충분히 귀하며 소중한 삶이다. 하지만 나이가 들어가듯 삶이 익어갔으면 하는 바람으로 나의 사명을 확장하고 싶다.

내가 나에게 집중하는 시간을 가지면서 만난 것이 그림책이다. 평소 책은 자기 계발서, 심리, 에세이를 즐겨보았다. 그러다 아이를 키우면서 다양한 그림책들을 접하게 되었다. 어린이집에서 아이들에게 읽어줄 때와 다르게 부모로서 어떻게 읽어주면 좋을지를 고민했다. 그래서 그림책 공부를 시작하게 되었다.

그림책 공부를 하면서 '왜 그림책에 관심을 갖게 되었을까?' 질문에 나도 모르게 눈물을 흘렸다. 이 질문에 답은 '제가 어려서 부모님이 그림책을 읽어준 기억이 없어요'였다. 품에 안겨 그림책을 읽어준 기억, 아니 그냥 그림책을 본 기억조차 없었다. 그런 부모가 되지 않아야겠다는 마음에서 공부를 시작했다.

나와 같은 어른들이 분명 있지 않을까? 그림책을 부모님이 따뜻하게 읽어준 기억이 있는 어른도 있겠지만 그렇지 않은 어른도 있을 것이다. 아이부터 어른, 노년층까지 나이에 제한을 두지 않고 그림책을 읽는 재미를 전달하고 싶다. 그림책을 통해 심리지도와 부모교육 강사로 잃어버린 나, 상처받은 나를 돌볼 수 있도록 돕기를 희망한다.

요즘은 생활에서 그림책을 눈에 보이는 곳에 두고 그냥 수시로 본다. 딸아이가 읽어달라고 해서 볼 때가 있고, 내 손에 그림책을 올려

주기도 한다. 딸아이가 "엄마, 책 봐."하며 건네는 그 말에는 힘이 있다. 엄마가 아이에게 "책 봐."하며 말할 때와는 또 다른 따뜻함이다. 그 말에 나는 그림책과 가까워지는 어른이 되었다.

그림책을 통해 상처받은 내면 아이를 성장시켜주는 역할에는 심리 부분이 필요하다. 이전에 심리 상담을 받고 공부했을 때보다 깊이가 더 필요하다. 그냥 수박 겉핥기가 아닌 내면이 익어야 한다. 그림책 심리 상담 과정을 통해 다양한 학자들을 다시 만나고, 그와 연결 지어 그림책을 보면서 내면에 치유되지 않은 나를 다독이는 시간도 가졌다. 공부하면서 그림책을 그리는 과정에도 관심을 가지게 되었다. 스토리가 있는 이야기에 그림을 더해 누군가에게 기쁨, 즐거움, 감동을 줄 수 있는 그림책을 만드는 작가에도 도전하고 있다.

모든 꿈과 삶에는 '관심'과 '호기심'이 있어야 한다. 특히 '나'에 대한 관심과 호기심으로 꿈과 삶의 방향성을 찾아야 한다. 나는 지금 나의 꿈을 충분히 즐기고 있고 앞으로의 삶도 기대하며 관심을 가지고 투자하고 있다.

원하는 꿈과 삶은 선택이다

우리는 다양한 꿈을 가지고 살아간다. 태어나기 전 내가 선택하지 못한 것은 나의 부모이다. 하지만 부모를 선택하지 못한 것일 뿐, 자신의 꿈은 얼마든지 선택할 수 있다. 나는 꿈을 선택해서 지금 진행 중이며, 미래의 꿈도 준비 중이다.

사는 대로 생각이 끌려가는 삶이 아니라 내가 생각한 대로 이끌어 가는 삶을 살아야 한다. 난 지금 '엄마' 이지만 분명 '꿈' 이 있다.

'잘 하는 것, 좋아하는 것, 해야만 하는 것을 명확히 구분 지어야 성공한다.'

'어제와 똑같이 살면서 다른 미래를 기대하는 것은 정신병 초기 증세이다.' 라고 아인슈타인은 말했다. 표현이 너무 직설적이지만 분명 원하는 꿈과 삶을 선택하기 위해서는 어제와 달라야 한다.

꿈과 삶은 함께이다. 꿈과 삶의 밸런스를 끊임없이 고민하지 말자. 꿈을 꾼다는 것은 삶의 목적을 찾는 것이며 그 목적은 삶을 비추는 등불이 된다. 꿈이 없이 산다는 것은 목적 없이 사는 삶이고, 물과 나침반 없이 사막을 여행하는 것과 마찬가지다. '마지막 강의'로 알려진 랜디 포스 교수가 "나이 들면 다른 사람의 꿈을 이루도록 도와주는 일이 더 재미있다는 사실을 알게 된다."라고 말했다.

엄마보다 내 이름으로 꿈을 가지고 삶을 살아가고 싶은 4060 여성 분들이 많다. 딸아이를 늦은 나이에 출산하고 육아 중일 때 내가 다시 일을 할 수 있을지를 고민했었다. 용기내어 다시 취업하고 일을 시작하면서 처음에는 위축되고 자신감이 없었다. 워킹맘으로 육아와 가사일을 병행하면서 일도 잘하는 것은 어려웠다. 가사일을 남편과 나누고 합의점을 찾아가며 일을 하면서 가정도 챙기는 지금은 생기 넘치고 자신감 있는 워킹맘이 되었다.

　삶은 변치 않을 꿈을 찾아내기 위한 과정이자 기회로 존재한다. 꿈을 이루고자 최선을 다하는 과정에서 자신이 성장하는 진취적인 삶, 창조적인 삶을 선택한다면 우리는 나이가 들어도 활기차게 열정적으로 살아갈 수 있다.

　꿈이 있다면 힘들어도 도전해보자! 이전에 내가 경험한 것이 세상에 필요한 곳이 있고, 이것은 나이가 들어도 결코 사라지지 않는다. 진정으로 소중한 꿈과 삶이 서로의 목적이 되어 언젠가 하나가 될 수 있도록 익어가는 삶을 살아가자. 당당한 나로 서고, 후회 없는 삶을 살기를 바라며, 모든 여성분들을 응원한다!

- 한국 치료로서의 미술학회 심리미술 전문가2급
- 컬러리스트 기사
- 의상중등교사 2급
- 서울대학교 의류학과 석사 졸업
- 원단 개발 및 영업, 패션기획 등 12년 경력 보유

이메일 katlereya@naver.com
블로그 https://blog.naver.com/katlereya
인스타그램
https://www.instagram.com/elly.ahn_85
연락처 010-7534-2537

안혜욱

03
인생의 중반쯤 진짜 나를 찾아서

나는 지금 삶의 변곡점에 서 있다고 느낀다.

일이 내 삶의 전부였던 시기를 지나 결혼하고 출산하고 엄마가 되었다.

아이가 4개월 때, 시아버지가 갑작스럽게 돌아가시고 치매가 진행되는 시어머니와 생활하며 괜찮은 줄 알았으나, 괜찮지 않은 나를 발견했다. 돌파구를 찾기 위해 미술치료를 배우기 시작하면서 내가 WANT는 없고 SHOULD만 가득한 삶을 살고 있다는 것을 알았다.

나를 살펴보기 시작하면서 회사도 그만둘 수 있었다. 미술치료사가 다음 스텝인 줄 알았지만 지금은 무엇이 되기보다 매 순간 나의 원함을 실천하며 살고 싶다.

인생의 중반쯤
진짜 나를 찾아서

진솔한 대화의 힘

나는 3남매 중 둘째로 경북 경산에서 태어나고 자랐다. 아빠는 종갓집 장남이셨고 할아버지, 할머니와 함께 살았다. 유아기에는 고모와 작은아버지 가족도 함께 살았는데, 명절과 제사 때면 집에는 늘 방마다 손님들로 가득 찼다.

그 당시 아빠는 화물선의 선원이셨고, 엄마는 할아버지 할머니와 독서실을 운영하셨는데 내가 4살 때 할머니가 돌아가시면서 엄마, 아빠는 문구점을 차리셨다. 엄마는 가게 일을 하시면서도 집안일을 혼자 다 하셨다. 어린 시절 여자이기 때문에 받은 차별 때문인지, 당신께서는 두 딸을 아들과 동등한 조건에서 공부시키기 위해 노력하셨고, 언니와 내게 가사일은 일절 시키지 않으셨다. 또한 여자도 사회에 나가 일해야 한다고 항상 말씀하셨다. 아빠도 묵묵히 엄마의 교육열에 동참하는 것으로 그 의견에 동의하셨다.

언니와 남동생은 엄마의 기대에 잘 부응했지만 나는 조금 모자랐다. 스스로 유일하게 언니보다 잘한다고 생각했던 것은 그림이었는데 이것도 대구로 전학 가서 친구들 그림을 보며 스스로 가능성을 접었던 것 같다. '내가 특출난 것은 아니구나.' 라며 말이다.

지금 돌이켜 생각해 보면 한 살 차이인 언니를 향한 질투심과 부모님에게 나도 뭔가 보여주겠다는 오기가 10대에 나를 움직인 원동력이 아니었나 싶다. 하지만 언니를 향한 질투심을 내려놓게 되는 중대한 사건이 있었는데 그건 친구들과 떠난 대학 졸업 여행이었다.

나를 포함 친구 4명이 여행을 갔는데 밤에 술을 마시며 이야기를 나누다 보니 어쩌다 첫째의 한, 둘째의 한에 대해 이야기를 나누게 되었다. 첫째들은 첫째에 대한 부모님의 기대와 동생들에게 모범을 보여야 한다는 압박에 대해 이야기했고, 둘째들은 '첫째보다 잘난 동생 없다' 라는 시선과 상대적으로 작게 느껴지는 부모님의 기대가 얼마나 서운한지에 대해 토로했다. 그러다 두 명이 잠들고 나와 가장 친한 친구 둘이서 이야기를 계속하는데 3자매 중 장녀인 친구가 눈물을 흘리면서 이렇게 이야기하는 것이었다.

"내 동생이 너처럼 생각한다면 난 너무 슬퍼. 지금 마음이라면 너는 앞으로 직장도, 월급도, 남편도 언니와 비교하며 질투하게 될 거야. 언니는 언제나 동생 편인데."

친구는 나를 나무라기보다 진심으로 슬퍼하는 것 같았다. 그리고 나는 동생을 사랑하는 친구의 마음을 느낄 수 있었다. 그날 이후 나는 언니에 대한 질투심에서 해방되었다.

외적 팽창에서 눈을 돌려 나에게로

어렸을 적 나의 꿈은 시시각각 변했다. 피아노를 배우기 시작했을 때는 피아니스트가 되고 싶었고, 그림을 잘 그린다고 칭찬받으면 화가가 되고 싶었다. 중학교 때는 더 예뻐지고 공부를 잘하고 싶었고, 고등학교 때는 서울에 있는 대학에 들어가고 싶었다. 지방대에 입학하고 나서는 서울과 학벌에 대한 미련이 남아 서울대 대학원에 진학했다. 그리고 대학원을 졸업한 다음에는 중소기업에 취직했는데, 그때는 더 좋은 직장 더 많은 월급이 꿈이었다. 그렇게 어릴 적 내 꿈은 철저하게 '외부적 조건'에 시선이 맞춰져 있었다.

그러다 결혼하고 나서 한 가지 의문이 생겼다. 결혼 직후 대기업 이직에 성공했고 남편이 내가 10년은 월급 한 푼 안 쓰고 모아야 할 돈을 가지고 있는데, '이제 나는 무엇을 위해 열심히 살아야 하지? 내가 월급을 더 받는다고 해서 생활이 크게 달라지지는 않을 것 같은데, 그렇다고 돈을 안 벌면 지금의 경제 상태를 유지하지는 못할 것 같았다. 그때부터는 더 나은 삶이 아닌, 후퇴하지 않기 혹은 이미 가진 것을 지키기 위해 일하기 시작했다.

그럼 지금 나의 꿈은 무엇인가? '내가 원하는 것' 과 '자라면서 외부적으로 심어져(부모님이나 사회적 교육 등으로)해야 한다고 믿는 것' 을 구분하여 매 순간 내가 원하는 것을 행하면서 사는 것이다. 그래서 지금은 내가 원한다고 생각하는 것을 이것저것 시도해보며, 이런 생활을 지속하기 위해 무엇을 더 하고 무엇을 포기해야 할지 고민하는 과정에 있다.

성공 스토리를 기대한 독자들에게는 실망스러운 꿈일지도 모르겠다. 하지만 내게 이러한 변화는 너무나 큰 것이어서 어떻게 이런 생각의 전환을 맞이하게 되었는지 공유하고 싶다.

남편이 제주도 사람이라 결혼 당시 시부모님은 제주도에 살고 계셨다. 거리가 멀다 보니 서울에 오시면 우리 집에서 며칠 묵으시는 일이 많으셨는데, 임신 후 경기도로 이사 가면서 아예 시부모님을 위한 방을 하나 꾸몄다. 이사 간 지역에는 시누들도 살고 있어서 시부모님이 올라오시면 길게 머무시는 경우가 늘어났다. 그러면서 시어머니가 집 비밀번호를 자주 잊어버리시거나, 길을 잘 못 외우신다는 걸 알게 되었지만 심각하게 생각하지 않고 넘겼다. 딸이 태어나고 4개월 뒤, 시아버지가 심장마비로 갑자기 돌아가셨다. 시어머니는 자연스럽게 우리 집에서 생활하게 되셨는데 곧 수건 개기, 요리하기 등을 어려워하셨다.

 시간이 흘러 아이가 3살이 되었다. 내 건강검진 결과에 갑상선 이상이 감지된다는 소견이 있어 전문 병원에 찾아갔는데 검사 후 의사는 예상치 못한 결과를 내밀었다. 갑상선은 문제가 없고 내 자율신경이 이상하다는 것이었다. 오랜 시간 스트레스로 인해 교감신경이 활성화되어 있다가 지금은 교감신경이 제대로 기능을 못 해 우울한 상태라고 했다.
 '무슨 소리야? 나는 결혼도 했고 아이도 있고 직장도 있고 경제적으로 부족하지도 않아. 정신도 아~~~주 멀쩡해. 어디서 약 팔려고 거짓말이야.'
 하지만 나는 의사의 말을 그냥 넘겨버리지 못하고 혼자 상담센터를 찾아갔다. 처음 가본 상담센터의 분위기는 마치 가정집 같았다. 상담실이라고 적힌 문 앞에 있는 대기 테이블에서 간단히 문진표를 작성하고 상담실로 들어갔다. 상담사 선생님은 내 또래 같았다. '이 사람은 결혼을 하기는 했을까? 아이는 있는 걸까?' 이런 생각이 머릿속을 맴돌았다.
 "무엇이 힘들어 오셨어요?"
 "저는 괜찮은데 얼마 전 건강검진에서 자율신경계가 불안정한 것으로 나왔는데 그게 제가 우울한 상태여서 그렇다고 해서요."

상담센터에 제 발로 찾아가기까지 했으면서 그때까지도 나는 내가 괜찮다고 생각했다. 신경계 이상이 정신병과 무슨 관련이 있는 건지만 설명 들으려고 했다(이건 결국 설명을 듣지 못했다). 하지만 내 이야기를 꺼내기 시작하자 눈물이 쏟아지기 시작했다. 난 괜찮은데, 이 정도는 아무것도 아닌데….

상담은 그 한번이 처음이자 마지막으로 지속하지 않았다. 그 당시에는 상담과 대화의 차이를 알지 못해 '내 이야기를 나눌 수 있는 친구들이 있는데, 왜 돈을 주고 상담사에게 가야 하지?' 라는 생각을 했던 것 같다. 그렇지만 친구들이 어떤 문제로 힘들어할 때 돈을 내고 상담센터에 가보라고 추천하는데, 그 이유는 단 한 번의 상담이었지만 깨달은 것이 있기 때문이다. 나의 상황을 내 입을 통해 말하는 동안, 나는 내게서 뱉어진 말을 제3자의 눈으로 볼 수 있었다. 그건 나를 잘 아는 친구들과 수다 떨며 공감받는 것과는 다른 경험이었다.

그때 알게 된 내 모습은, 스스로 강하고 정의로운 사람으로 나를 설정하고 피하고 싶은 마음, 도망가고 싶은 마음, 거절하고 싶은 마음을 인정해 주지 않고 억압했다는 것. 그러면서 지치고 힘든 마음을 회사에서 늦게 퇴근하고 나의 노고를 몰라주는 남편의 탓으로 모두 돌렸다는 것이다. 사실 마음이 내가 희망하는 것만큼 강하지 못해서 많이 힘들었고, 그것을 감당하지 못해 밖으로 드러난 것임을 인정하자 지금까지 내 행동이 얼마나 자기중심적이고 이기적인지도 생각해 보게 되었다.

'우리는 모두 '치매'라는 상황에 맞닥뜨렸을 뿐이며, 이 상황은 나보다 남편에게 더 힘든 것일 수도 있겠구나!' 이 생각을 한 순간부터 남편에게 화내는 일이 줄고 남편의 태도도 좀더 부드러워졌다. 날 세워져 있던 내 칼이 무뎌지자, 남편도 잔뜩 세웠던 가시를 누그러뜨리기 시작한 것이다.

외부적 상황은 어떻게 하지 못하더라도 내 마음을 바꾸는 것만으로 변화가 일어난다는 것을 경험하고 나서는 새로운 도전을 시작하게 되었다. 주말을 이용해 크레이머 학교에서 미술치료사가 되기 위한 공부를 시작한 것이다. 공부하면 할수록 나는 당연하다고 생각한 것들에 의문을 품기 시작했다. 그리고 스스로에게 묻기 시작했다.

'나는 어떤 삶을 살 것인가?'

글 쓰고 그림 그리며 마음 들여다보기

미술치료 공부를 시작하고 1년이 지난 2020년, 때마침 코로나가 시작되었고 회사는 내가 소속되어 있던 브랜드 사업을 접기로 결정을 내렸다. 내게 희망퇴직의 기회가 주어졌고 미련 없이 퇴사를 결심했다. 그때쯤 시어머니는 주야간 돌봄센터에서 데이케어를 받고 계셨고 아이는 어린이집에서 3시에 하원 해, 낮시간 동안 나만의 시간을 가질 수 있었다.

이 시간을 이용해 크레이머 학교에서 만난 김정한 선생님이 개인적으로 진행하는 '우뇌로 그리기 워크숍' 과 '다르마(Dharma) 워크숍' 에 참여했는데 2~4명이 모여 그림을 그리고 그림을 그리며 느낀 감정과 생각을 나누는 수업이었다. 주 1회 하루 4~5시간의 워크숍을 약 40회기 동안 진행하면서 나는 나와 내 삶을 다양한 시각에서 관찰할 수 있었다.

과거의 각 장면에서 행동 생각 감정을 들여다보며 내 행동의 패턴을 찾고, 그 패턴 속에서 내가 진짜 원했던 것이 무엇일까 질문해 보았다. 가족 속에서의 나, 관계 속에서의 나, 나로 있지 못하게 하는 두려움 등을 살펴보며 내가 어떤 것을 할 때 기뻐하고 즐거워하는지, 어떤 주제에 관심이 있는지, 중요하게 생각하는 키워드는 무엇인지 알 수 있었다.

워크숍을 진행하는 동안 미술치료사 2급 자격증을 취득하고 온라인으로 심리학 수업을 들었다. 이론과 경험이 병행되니 공부가 재미있어 크레이머 학교에서 여는 모든 수업을 수강했다. 미술치료와 관련된 서적들을 시작으로 심리학 서적, 수필, 에세이, 소설, 역사서까지 관심이 가는 건 마구잡이로 읽기 시작했다. 회사 다니는 동안 내가 1년 평균 읽은 서적이 1~2권이었고 학생 때 제일 싫어했던 과목이 역사였는데도 말이다.

그림도 그리기 시작했다. 온라인 강좌를 보며 집에서 그림을 그리다가 집 앞에 있는 화실을 찾아가 주 1회 수업을 신청했다. '특출나지 않아'라고 생각하며 내 재능을 접어 버렸지만, 다시 알아봐 주고 가꾸고 싶어졌다. 그림을 그리다 보니 메시지를 담은 동화책을 만들고 싶어 출판사 '보림'에서 기획한 그림책 부트캠프도 수강하게 되었다. 이후 네이버 카페에서 그림책을 검색하다가 이은미 대표님이 운영하는 "그림책 오색발전소"와 우경하 대표님의 "나연구소"를 발견하여 이렇게 책 쓰기에도 도전하게 되었다.

이 꼬리에 꼬리를 물고 이어져 온 실행 과정들이 나를 어디로 데려갈지 아직 잘 모르겠다. 하지만 퇴사 후, 2년 동안 내가 택한 항목들에는 공통점이 있다. 바로 '그림', '글', '마음'과 관련된 것들이라는 것이다. 이 힌트를 쫓아 나는 다음 여정을 계속할 것이다.

저는 주부입니다만

나는 지금 주부다. 가사가 내 일이다. 집을 치우고 빨래해서 널고

개고 정리하고, 집에 먹을 것과 필요한 것들을 채워두고, 쓰레기를 버리고 계절이 바뀌면 입을 옷을 정비하고 가전제품 및 집안 물건을 관리한다. 잘하고 싶지만 적당히 하게 되어 커튼에는 먼지가 자작하고(이 글을 적은 다음 날 커튼을 세탁소에 맡겼다. 글의 힘이 느껴진다), 화장실 배수구엔 머리카락이 있기 일쑤이고, 가전제품 먼지 통은 항상 차 있고, 베란다는 물티슈로 닦지만, 하여튼 내 일이 맞다. 남편 혼자 가정 경제의 책임을 지게 했으니, 가사는 나의 일이다.

육아도 내 일이다. 아이와 밥을 먹고(시켜 먹는 날도 사 먹는 날도 많으니 '밥을 차린다' 보다 '먹는다' 는 표현을 썼다), 아이와 함께 시간을 보내고, 아이가 궁금해하는 것에 정성껏 대답하고, 아이의 성장 단계에 따라 어떤 교육이 필요할까 고민한다. 놀이터에서 기다리고 학원에 데려다주고 데려오는 것도, 저녁 시간 아이를 씻기고 잠자리에 함께 눕는 것도 나의 일이다. 육아는 남편과 나의 공동 업무에 해당하지만, 남편은 아이가 눈뜨기 전에 출근해서 거의 매일 아이가 잠들고 나서야 퇴근하니 육아도 내 일이다.

최근에는 아르바이트도 시작했다. 우리 집에는 주 1회 4시간 청소 도우미 이모님이 오시는데, 그 시간 동안 외부 수업을 듣거나 전공과 관련된 아르바이트를 한다.

퇴사 초반에는 막연하게 미술치료사 자격증을 따면 치료실을 창업하거나 미술치료사로 활동할 줄 알았다. 잠시 쉬는 것이라 생각했기에 배우는데 아낌없이 돈을 쓸 수 있었는지도 모르겠다. 하지만 막상 자격증을 따고 나서 알아보니, 2021년부터 미술치료사(미술심리상담사) 중에 석사과정 이상을 수료한 사람만이 정부 지원 바우처를 발행할 수 있는 것으로 법이 제정되어 활동이 제한적이었다. 대학원을 갈 수도 있겠지만 당장 가고 싶다는 생각은 들지 않았다.

"과거와 다른 삶을 살래!"라고 외치다가 다시 전공 관련 분야에서 돈을 벌어야겠다 결심할 때는 속상했다. 과거에서 벗어나지 못하는 것 같고 새로운 도전에 실패한 것 같은 기분이 들었다. 주위에서 "거봐, 그럴 줄 알았어."라고 비웃는 것만 같았다. 하지만 돈을 벌고 싶었다. 모아둔 돈이 줄어드니 자꾸 불안한 마음과 조급함이 올라와서 내가 좋아서 시작한 일들도 즐기기 힘들어졌다. '난 돈이 필요해!' 인정하고 나니, 내게 일을 맡겨 준 지인들에게 감사한 마음이 들었다. 이 일들이 내 과거가 현재의 나에게 보내는 지지와 선물 같았다.

새로 날 준비가 될 때까지 과거가 내게 보내준 이 선물 같은 일들을 하며 미래를 준비해 보고자 한다.

나의 의지로 사는 삶

　내일도, 한 달 뒤도, 10년, 20년 뒤도 모두 미래다. 나는 먼 미래는 두고 가까운 미래를 계획하며 살고자 한다.
　시어머니의 치매가 진행되는 몇 년 동안 노년과 죽음에 대해 생각하고 또 생각했다. 아니 그 생각에서 벗어날 수 없었다. 내가 간접 경험한 노년은 내가 나를 컨트롤 할 수도 없고, 사랑하는 사람 곁에 머물 수도 없는 것이었다. 가족들의 사랑과 발달한 의학은 병을 낫게 하지는 못하고 죽음으로써 맞이할 수 있는 평안의 시간만 늦추는 것 같았다. '내 의지로 할 수 있는 것이 아무것도 없는 상태로 살아있는 것' 이것이 죽음보다 큰 두려움으로 자리 잡았다.
　그래서 어쩔 수 없는 순간이 올 때까지 내 의지대로 살고자 한다. 먹는 것, 입는 것, 말하는 것, 행하는 것을 포함하여 내가 경험하는 모든 것에 의지가 반영된다. 삶에서 마주하는 모든 상황에서, 삶이 내게 어떠한 메시지를 던지는지 의식하며 경험하고 싶다. 이것을 잘하기 위한 도구로 글과 그림은 남은 내 삶 동안 함께 할 것이다.
　그림을 그리고 글을 쓰면서 알게 된 것들에 대해 글과 그림으로 사람들과 나누며 사는 삶. 그렇게 살 수 있다고 생각하면 설레고 내일이 기대된다.

'설렘'을 간직하며 살 수만 있다면

'설렘'에 대한 기대를 버리지 말았으면 좋겠다.

많은 엄마들이 출산 후 육아를 경험하며 '설렘'을 잃어버리는 것 같다. 반짝반짝 빛나던 시기는 이미 지나갔고 남녀 간의 사랑도 희미해진 지 오래고, 아이는 클수록 점점 내게서 멀어지고, 사회적 성취도 남일 같아 내일이 오늘보다 기대되지 않는다. '설렘'이란 감정은 자연스레 종적을 감추고 그 빈자리를 '외로움', '불안'이 채운다. 외로움과 불안은 나를 우울하고 서글프게 만들고 이 감정이 길어지면 고통을 줄이기 위해 감각을 둔화시킨다. 어른이 아이들보다 모든 것에 '무감각'한 이유도 여기에 있다.

'배움'은 설렘을 깨우는 좋은 방법이다. 새로운 것을 배우기 위해서는 어떤 것에 호기심을 가져야 한다. 호기심은 마음을 아이와 같이 만드는 감정으로 그 호기심을 채웠을 때, 순수하게 기뻐하는 나를 발견할 수 있다. "나는 아무것에도 관심이 없어요. 무엇을 좋아하는지 모르겠어요."라고 말하는 사람도 있을 것이다. 그렇다면 과거 탐색부터 해보라고 권하고 싶다. 기억에 남는 장소, 인상적이었던 향기 혹은 냄새, 좋아했던 사람, 물건 무엇이든 좋다. 과거 내가 좋아했던 것 혹은 관심 있었던 것을 기억해 내는 것 그것부터가 시작이다. 혼자 시작하기 어렵다면 이미 알려진 방법을 이용하자. 줄리아 카멜론의 『아티스트웨이』라는 책에는 나를 깨우기 위한 작업을 12주간 이어갈 수 있도록 구체적 방법을 제공한다.

호기심을 끄는 주제를 발견했다면 다음은 '실천'이다. 뭐든 해보는 거다. 인터넷 검색창에 키워드를 입력하면 온라인 수업, 워크숍, 관련 책, 모임 등 수없이 많은 방법이 나를 기다리고 있다. 일단 시작하면 거기서부터 또 새로운 길이 열린다. 꼭 비싼 수업을 들을 필요도 없다. 한 권의 책이 다음 여정의 안내자가 될지 누가 알겠는가?

마지막으로 전하고 싶은 건, 도움을 청하는 용기를 내보자이다. 하고 싶은 것이 있는데도 망설이고 있다면 보통은 돈과 시간이 어려움일 것 같다. 아이 교육비도 빠듯한데 나에게 들어가는 돈이 사치처럼 느껴질 수도 있을 것이다. 하지만 나의 신체적 건강만큼이나 마음의 안녕이, 나뿐만 아니라 아이와 가족들에게도 대단히 중요한 요소임을 기억하자. 현재 주부라서 수입이 없다면 남편에게 도움을 청해도 좋다. 남편이 사회에 나가서 일을 할 수 있도록 내가 한 일들을 생각해 보라. 당당하게 내 몫을 요구해도 된다.

아직 아이가 어리다면 시간도 문제가 될 수 있겠다. 틈날 때마다 할 수 있으면 좋겠지만 그럼 할 수 있는 게 너무 제한적이다. 나의 경우 주 1회 도우미 이모님이 오시기도 하지만, 같은 동네에 사는 시누들의 도움을 많이 받았다. 시누들의 도움이 없었더라면 집에서 2시간 거리에서 열리는 오프라인 수업에 참여하는 건 꿈도 꾸지 못했을 것이다. 도움을 청하기 전에는 온갖 생각이 든다. 이런 걸 부탁하는 나를 어떻게 생각할까? 이런 걸 부탁해도 되나? 하지만 수락은 그들의 선택이다. 일단 던지자. 대신 도움을 받을 수 있음에 진심으로 감사하자. 그리고 감사를 적극적으로 표현하자. 내가 도울 수 있는 일이 있다면 반드시 하자. 그럼 도움뿐만 아니라 사람도 얻게 될 것이다.

이 글을 읽는 분들이 어떤 걸 느낄지 나는 알 수 없다. 다만 모든 만남이 이유가 있듯이 이 글이 당신에게 닿은 것도 이유가 있겠지 생각해 본다. 글로 모르는 사람을 만난다고 생각하니 설렌다. 그대도 이 책을 읽은 이후로 자주 설레었으면 좋겠다.

- 생명보험설계사. 손해보험설계사
- 한국재무코치 협회원
- 청소년상담사 3급
- 사회복지사 2급
- 한국 방송통신대학 청소년교육과 학사 졸업
- 진로상담사1급, 미술심리상담사1급,
  독서치료사1급, 그림책지도사1급(한국심성개발원)

이메일 rich7164@naver.com
블로그 https://m.blog.naver.com/rich7164
연락처 010-8388-7390

이나겸

04

이제껏 잘 살아왔어.
지금부터 시작이야!

　71년 6월 3일생(52세). 나보다 한 살 많은 남편, 고3 아들과 중3 딸 그리고 3살짜리 강아지와 인천에서 살고 있다. 대구에서 32년간 살다 인천에 와서 결혼해 지금은 반은 인천사람이 되었다. 남편에게 평생 먹여 살려야 한다고 했지만, 아들 유치원비를 벌어야 해서 아르바이트를 시작으로 못다 한 대학 공부를 마치고, 학습지 선생님, 도서관 운영요원, 공부방 선생님 등 여러 일을 하다, 지금은 보험설계 일을 하고 있다.

　일하려고 나서니 너무 막막하고 무엇부터 해야 할지 몰랐다. 결혼 전에 전문적인 일을 한 적도 없고, 소위 말해 가방끈도 짧아 어디서 써주는 데도 없었다. 하지만 아이를 따라 도서관에 갔다가 우연히 시작하게 된 독서치료를 통해서 나를 찾는 기회가 찾아왔다. 그 후 철학, 심리학, 문학, 미술사, 다양한 인문학 관련 책을 통해 허기진 지식의 배를 채웠다. 책을 읽기만 하고 실행하지 않는 것 같아, 행동력 코칭 과정을 하면서 새로운 자기 계발을 맛보게 되었다. 새로운 시대에 부합한 보험설계사로 살아가기 위해서 공부하던 중 우경하 대표님을 알게 되어 공저 책쓰기에 합류하게 되었다.

이제껏 잘 살아왔어. 지금부터 시작이야!

50년 만의 나와 대화

지천명이 지난 나이에도 자기소개는 참으로 어렵다. 일단 나에 대해서 잘 모른다. 나를 가장 많이 알 것 같은 나인데 말이다. 나도 나를 잘 모르지만 내가 살아온 건 이렇다. 엄마는 내가 대도시 대구에서 태어났다고 했다. 그리고 부산에서 살다가 진해에 가서 살다 결국은 친할머니와 취학 전 시간을 보냈다. 할머니와 살았던 것이 지금도 아련하게 느껴지는 걸 보면, 할머니께서 나에게 잘해주신 것으로 기억한다. 어릴 때 5일 장에 따라갔던 기억, 방학이면 종고모들이 대구에서 내려와서 나랑 놀아줬던 추억이 아직도 잔잔하게 남아서 입가에 미소 짓게 한다.

초등학교 입학 즈음에 대구에 올라왔다. 할머니와 살던 시골이 그리워 자주 울었다. 지금 생각하면 학교 부적응인데, 엄마는 그 당시 나의 마음 상태를 알 리 없었다. 아버지는 생활력이 없었고 엄마가 집안을 꾸려가야 했다. 초등학교 시절을 생각하면 우울해진다. 내 밑으로 남동생, 여동생이 있었기 때문에 동생들 밥해주기, 씻기기를 엄마가 없는 시간 동안 내가 다 해야 했다. 그렇다고 칭찬받은 기억은 거의 없었다. 더 잘하지 않으면 야단만 맞았으니, 지금 생각해도 야속한 시간이다. 그렇다고 부모를 원망은 안 한다. 그들도 몰랐을 테니까 말이다.

중학교에 가서는 공부를 꽤 열심히 했다. 문제집 하나 풀지 않고도 늘 전교 등수가 높았다. 친구들과 잘 지내면서 교내활동도 잘해, 체육 시간이나 레크리에이션 시간에 늘 앞에 나가서 흥을 돋우었다. 그때 같이 공부한 친구가 지금은 인천에서 국어 교사를 하고 있는데, 그 친구와 통화할 때면 나는 중학교 시절로 돌아가는 듯하다. 그때 열심히 공부해서 대구에서 이름있는 실업계 고등학교에 입학 장학생으로 들어갈 수 있었다.

그러나 고등학교에 들어가서 문제가 생겼다. 문학적이고 감성적인 나였는데 딱딱한 금융 지식을 머리에 넣자니 너무 힘들었다. 정말 공부를 안했다. 학교 졸업을 해야 하는데 학교 가기가 너무 싫었다. 겨우 고등학교를 졸업할 즈음 금융기관에 들어갈 기회도 있었는데 안 갔다. 너무 싫었기 때문이다.

그 후에 공무원 공부를 하고, 시험에서 커트라인에서 두어 번 떨어졌다. 상실감에 자존감도 바닥이라 아무것도 안 했다. 공무원 공부할 때 알던 친구가 다니던 교회가 있었다. 그 친구는 내게 교회 가자는 얘기도 안 했다. 어딜 가냐고 물으니, 교회에 간단다. 나도 얼떨결에 따라간 교회에서 너무나 큰 기쁨을 느끼고 그때부터 새 삶을 찾은 것 같았다.

일을 시작했다면 어떻게 하면 좋은가?

어릴 적 나의 꿈은 선생님이었다. 교대에 진학했으면 지금은 고향에서 교편생활을 할텐데, 그렇지 못해서 더 버라이어티한 삶을 살고 있다. 이건 긍정적인 의미의 해석이다. 꿈을 이야기할 때 너무나 막연해서 뭐라고 할 말이 없었다. 내가 좋아하는 것이 무엇인지 도 몰랐다. 그냥 사는 것이었다. 엄마니까 아내니까 살아가는 거였다.

아들과 딸을 잘 키워야 하는 엄마, 남편 잘 보필하는 아내의 삶 이외에는 생각해 보지 못했다. 그야말로 전통적인 여자의 삶만을 생각했다. 그러다 보니 도서관 프로그램이 생기면 늘 아이들만 참여하게끔 했는데, 어느 날 너무 절실해서 발을 들여놓았고 그때부터 인생이 바뀌기 시작했다. 지금 생각하니 내 삶을 바꾸고 싶어서 발버둥 치던 때였던 것 같다.

매일 지하에서 4시간을 일하고 햇살을 맞이하는 기간을 6개월 보내고 나니, 갈수록 좌절감이 더 들었다. 그래서 아들 유치원비를 내야 하는데도 불구하고 그곳을 그만두고 나왔다. 남편이 벌어오는 돈은 생활비도 부족했다. 매달 조금씩 쌓여가는 카드빚이 마음을 짓눌렀다. 그래서 도서관 프로그램에 아이들 대신 내가 들어갔고 도서관에서 하는 독서치료 프로그램을 듣고 독서치료 자격증 과정을 끝냈다. 내 인생이 바뀌기 시작했다. 이어 방송대에 바로 입학원서를 냈다. 그렇게 해서 나의 짧은 가방끈 열등감을 탈피하고 싶었다. 그 후 독서 모임과 상담 공부를 많이 다녔다. 나를 찾고 싶었다. 방송대를 졸업하면 짠하고 뭔가가 되어있을 것 같았는데, 막상 그렇지 않았다. 방송대를 다니면서 학습지 선생님을 시작했고, 그곳에서 어느 정도 실적을 내고 있었다. 그래서 다른 일은 생각도 안 했었다. 수업받은 아이들도 나를 좋아하고, 부모님들도 좋아해서 그 일을 계속할 수 있었지만, 거기에 머물고 싶지 않았다.

그곳을 나와서 도서관에 들어갔다. 책을 더 읽어야겠다는 생각이 들어서였다. 도서관에서 하는 일은 그리 많지 않아서 사회복지사 공부와 청소년 상담사 공부를 병행할 수 있었고, 저녁에는 따로 아이들을 모아서 역사 그룹과외를 했다. 그해에는 청소년 상담사와 사회복지사 자격증을 손에 거머쥘 수가 있었다. 다시 일도 찾았다. 이 모든 일을 겪으면서 나는 도대체 무엇을 원하는지? 내게 질문을 던지기 시작했다. 자격증도 더 많은 공부도 나의 꿈이 아니다. 다만 내가 꿈꾸는 세상으로 가기 위한 과정이었다. 나는 경제적 시간적 자유를 꿈꾸었고, 그러기 위해서는 치열한 하루하루의 삶이 필요했다.

도대체 네가 하고 싶은 일은 뭐니?

내가 좋아하는 일, 내가 할 수 있는 일, 세상을 이롭게 하는 일이 뭘까 생각하니 답이 없었다. 아직도 철이 안 들었던 거다. 아이들이 커가고 노후가 걱정되는 시점이 되고 보니 나의 미래가 걱정되었다. 그러던 어느 날 목에 큰 혹이 생기면서 건강에 관심이 높아졌다.

건강에 문제가 생기고 그동안 넣고 있던 보험증권을 꺼내 보니 해석하기 힘들었다. 보험용어가 어려워서 보험 일을 하시는 분께 보여 드렸고, 그분이 이런저런 분석을 해주셨다. 정말 도움이 됐고 나도 이분처럼 보험을 모르는 사람들에게 알려주고, 제대로 보험을 들게 해드려야겠다는 생각으로 보험 일을 해봐야겠다고 생각하게 됐다.

사람은 필요하면 다 하게 되어있다. 금융업 쪽을 정말 생각도 안 했는데, 내 발로 보험사를 찾아갔다. 보험설계사 하고 싶다고 했더니 놀라시며 좋아하셨다. 그렇게 해서 보험 일을 시작하게 되었다. 손해

보험사에서 일을 시작하면서 세상에 보험이 필요 없는 사람은 없다고 생각을 하니, 정말 유익한 직업이라는 생각이 들었다. 지난 10년 간 독서 모임을 통해 성장하고, 책 읽고 새로운 뭔가를 계속 배워왔던 것이 보험업을 하는 데 많은 도움이 되었다.

그간 아이들 학교에 운영위원을 하면서 세상 돌아가는 것도 알게 되었고 교육청 학부모 기자단을 하면서 다양한 사람들을 만나게 되었다. 그 후에 교육청에서 시민 감사관, 학교안전공제회 심의 위원, 교권 보호 위원, 미래교육위원회 활동을 하면서 다양한 직업군의 많은 사람을 만나온 게 큰 경험이 된 것이다. 좋은 사람은 새로운 좋은 사람을 소개해 준다.

그 후 경영인 모임에도 가게 되었고, 그곳을 통해서 공장을 운영하시는 현업 사장님들을 많이 만나게 되었다. 사람은 부딪혀야 한다. 내가 생각하는 건 내 생각일 뿐이다. 생각만으로는 내 경험치를 넘어설 수가 없다. 그렇다고 다 경험하기엔 시간과 조건이 너무 부족하다. 책을 통한 간접경험, 사람을 통한 간접경험들이 내게 장착되면 또 하나의 무기를 갖게 되는 것이다. 개척 여왕 조유나 센터장님 강의를 신청해서 들으면서 우경하 대표님을 알게 되었고 이분들과 함께 앞으로 나의 삶이 더 풍성해질 것이다. 그간 책을 내고 싶었던 나의 꿈이 실현되었기 때문이다.

도전해 보라! 생각만 하고 있으면 생각으로만 끝날 것이다.

보험 일로 경제적, 시간적 자유를 얻으리라!

　보험 일은 종합예술이다. 일단 내가 만나는 고객에게 신뢰감을 줄 수 있는 사람이어야 한다. 그러기 위해서는 성실하게 개척하며 주기적으로 메일이나 소식지 보내는 일을 꾸준히 해야 한다. 한 방울씩 떨어지는 낙수가 바위를 뚫는 법이다. 성실성을 바탕에 두지 않고는 신뢰를 쌓기 힘들다.
　보험영업 초반에 잠시 전단지를 들고 나가 개척을 해 봤다. 나를 알리는 것이 구차하고 창피한 생각이 들었다. 남들이 말하는 보험 비즈니스를 멋지게 해 보여주고 싶었는데 그냥 보험하는 아줌마가 되었던 것이다. 거기서부터 자존감이 급락했다. 그 후로는 밖에 나가서 전단지 돌리는 일은 안 했던 것 같다. 그리고 지인들에게도 보험 일을 한다는 얘기를 못 했다.

　어느 날 교회 성가대에서 연습하다가 가방이 쏟아지는 바람에 보험사 명함이 바닥에 나뒹굴었다. "어머, 집사님 보험 하세요?"라고 한다. '아이고, 어쩌끄나. 들켰네.' 속으로 생각했다. 그 일로 내가 보험 하는 것이 알려져 보험을 봐달라는 몇 분 있어서 영업 아닌 영업을 시작하게 되었다. 초보는 하는 짓이 다 초보다. 생각을 안 하고 그냥 따라하기 때문에 문제가 생기면 해결하기 힘들다. 의존의 시기가 지나야 홀로 설 수 있는 독립의 시기가 온다. 그 기간까지 견디는 데는 마인드 셋을 잘해야 된다. 그때 성공자들의 조언과 무의식을 깰 수 있는 의지가 필요하다.

일단 신뢰가 쌓이면 전문지식이 필요하다. 보험은 손해보험, 생명보험이 있다. 생명보험사 영업이 세상에 많이 알려져 주계약, 특약 같은 보험용어들을 많이 아신다. 생명보험의 대상이 사람에 한정하는 반면, 손해보험은 그 성격이 다르다. 창문을 열고 밖을 내다보라. 지나가는 차, 지나가는 사람, 우뚝 선 건물까지 손해보험의 보험대상이다. 자동차보험, 해상보험, 건물 공장의 화재보험, 주택화재보험, 암보험, 상해보험, 운전자보험, 실손보험, 태아보험, 종신보험, 연금보험, 변액보험 등 다양한 보험의 종류들이 있는데 매달 쏟아지는 신상품을 공부하기도 바쁘고 이전 상품을 든 고객들의 보험금 청구도 바쁘다. 예전에는 아이들 가르치되 시간이 어찌나 잘 가는지 정말로 한주가 휙휙 지나갔는데 보험 일을 하다 보니 한 달이 눈 깜짝할 사이 지나간다.

고객들 만나서 이야기를 이어가려면 신문도 읽어야 하고 책도 읽어야 하고 이슈되는 연예인 가십거리도 알아야 대화가 된다. 드라마

'천 원짜리 변호사' 얘기를 하고 있는데, 무슨 얘기냐고 하면 꼰대 소리를 듣는다. 정말 변화무쌍한 세상에 몸을 싣고 잘 버텨야 한다. 그물에 빠지지 않으려면 말이다. 전문성을 기른다는 것은 늘 깨어있어야 하고 늘 낮은 자세로 배워야 한다는 뜻이기도 하다.

지금은 다양한 영업 형태로 보험상품을 팔고 있어서 내가 특화되어 있지 않으면 밀려나는 세상이다. 블로그 영업을 하든지, 유튜브 영업을 하든지, 개척을 하든지 자신만의 특화된 무언가가 있어야 살아남을 수 있다. 거기다가 마케팅이나 새로운 온라인 세상의 기술을 살짝 접목하면 시너지 효과를 볼 수 있다. 신뢰를 만들고 전문지식을 쌓고 오랫동안 보험업을 하는 것이 보험업에서 성공하는 길이다.

부모님들이 흔히 잠결에 가고 싶다고 말씀을 하시는데, 그 말씀은 본인들을 위해서도 하는 말씀이지만, 자식들에게 짐이 될까 봐서다. 좀 더 솔직히 말하자면, 병원비가 들어가면 어쩌나 하는 걱정에 하는 말씀이다. 하지만 보험은 이런 걱정을 덜어준다. 내가 든 보험으로 해결할 수 있으니 좋다. 요즘 보험금 청구를 많이 해주다 보니, 고객들이 고맙다며 밥을 사주신다는 말씀을 주셔서 기분이 좋다. 고객의 살림에 도움이 되는 사람이라는 게 나에게는 더 큰 기쁨이고 보람이다. 우리가 살면서 가장 힘들 때가 언제일까? 교통사고가 났을 때, 병원에 입원했을 때, 사망했을 때가 아닐까? 그때 그 자리에 고객들에게 힘이 되어줄 수 있어 참으로 고맙고 감사한 직업이다. 그리고 그들에게 보험금을 타주는 실질적인 도움이 되는 사람이라 정말 보람되다.

  보험 일을 하면서 많은 사람을 만난다. 다양한 분야에서 성공하신 분들, 성공으로 가기 위해 애쓰시는 분들을 보면서 나의 삶을 돌아보게 되었다. 먹고사는 문제는 열심히 일하면 해결할 수 있다. 어떤 삶을 살아갈 것인가에 대한 고찰은 성공적인 삶을 살고자 하는 내가 가져야 하는 마음가짐일 것이다. 나는 누구인가? 어떻게 살 것인가? 나의 일과 접목해 더욱더 가치로운 일을 하기 위해서는 경제적인 독립과 정신적인 성장과 성숙이 필요하다. 내면의 힘을 더욱 강하게 해서 사회에 선한 영향력을 끼치는 삶을 살고 싶다.

삶이 끝나는 날까지 나는 무엇을 하며 살 것인가?

  내가 좋아하는 것 중 하나는 노래하는 것이다. 합창단 활동을 중학교 때부터 하면서 음악적인 감각을 키워왔다. 지금도 합창단 정기연주회를 매년 하고 있다. 평균 나이가 55세 정도의 합창단인데 실력이 대단하다. 올해가 4회째이니 매회를 거듭하면서 다양한 이야기들이 만들어질 것이다. 합창 발성 연습을 하기 위해 이태리 가곡을 배웠다. 한 번씩 발표회를 하면서 재미를 더해간다. 발표회 때는 평상시 안 하던 속눈썹까지 붙이고 화려한 드레스를 빌려 입고 그야말로 연예인 놀이를 한다.

어릴 때 노래를 잘해 성악가가 되고 싶었는데 나이 들어서 그 꿈을 이루어 간다. 나이가 들어도 정서적인 나이는 그대로 이팔청춘인 것 같다. 환갑 때는 대학교 성악과를 졸업하면서 개인 연주회도 해보고 싶은 생각이 생겼다. 자선 연주회도 할 수 있으면 좋겠다. 또한 사진 찍기를 좋아해서 사진을 배워 개인전 열어서 지인들을 초대해 다과를 먹으면서 담소 나누는 상상도 해본다.

예전 아이들에게 그림책을 읽어줄 때는 『미스 럼피우스』에 나오는 럼피우스처럼 넓은 땅을 사서 그곳에 꽃을 심어서 도시 생활에 지친 현대인들에게 힐링의 장소를 마련해 주고 싶다 생각을 했다. 그곳에는 커피와 다양한 꽃차와 맛난 먹거리들이 있고 독서치료를 할 수 있는 도서관도 마련할 것이다.

성공하신 분들이 꿈은 적어야 된다고 하던데 진짜로 글로 쓰니까 무궁무진하게 나오는 것 같다. 아이들을 키우면서 내가 함께 자란 것 같다. 아이들에게 동화책이나 그림책을 읽어주면서 꿈꾸었던 세상을 이제는 만들고 싶다는 생각이 든다. 글쓰기와 책 읽기를 통한 자기 성장이 얼마나 중요한지를 알지만 실천하지 못했다.

내 안에 있는 생각들을 끌어낸다는 것이 어찌 보면 쉬우나 참으로 어려운 작업이라는 생각이 든다. 글쓰기를 하면 창의력이 생기는 것 같다. 생각을 하게 되니 말이다. 내 안에 잠든 거인을 깨워서 그 거인의 어깨 위에 올라타야 되겠다. 태어나서 먹고 사는 문제에만 아등바등 살아간다면 이 생애가 너무나 아깝지 않은가? 나의 사명을 깨닫고 그 사명을 다 마친다면 그 이상의 것도 해낼 수 있다고 생각한다.

책 읽어주는 할머니가 있는 도서관, 그곳에 가면 강아지와 고양이를 만날 수 있고 예쁜 꽃이 피어 자연을 만끽할 수 있는 곳으로 만들고 싶다. 그러기 위해서는 많은 자원이 필요하겠다. 물적 자원들은 우선 내가 만들어야겠고 뜻을 같이 하는 분들이 모이면 더 좋은 모양이 될 것이다. 인적 자원들을 통해서 사람 사는 곳으로 만들어간다면 그야말로 천국이 따로 없는 곳이 될 것 같다. 어쩌다 이런 얘기까지 다 하는지 모르겠지만 그림책을 현실로 실현하고 싶은 생각이다. 생각이 어지러운 사람이 있다면 그 사람의 삶이 평안해질 때까지 편안한 쉼터가 되는 곳을 만들고 싶다. 나는 사람을 좋아한다. 나를 보면 세다는 느낌이 든다고 한다. 다행이긴 하다. 사람은 지내봐야 알게 되는 거니까. 경제적인 자유와 시간적인 자유가 주어지면 자연과 벗하여 살고 싶다.

한 번뿐인 삶 활활 타올라야 한다. 삶이 다하는 순간까지

자신에게 어떤 잠재력이 있는지 아는 사람은 없다. 내가 모르기 때문에 남들은 더더욱 모른다. 어설퍼도 그냥 시작해야 한다. 엄마 자격증을 따고 엄마가 된 사람은 없다. 나 또한 남들 앞에 나서기 전에 부족함으로 제대로 하는 게 없는 방안 통수였다. 결혼 전 일을 한 것도 별로 없어서 경험도 없고 전문성은 더더욱 없었다. 뭔가를 하지 않으니까 아무 일도 일어나지 않아서 우울했다. 내 아이에게 동화책 읽어주듯이 하면 되겠지 싶어서 일을 시작했다. 지금은 부끄럽지만 월 천 여사가 되었다.

뭔가 촘촘한 채로 걸러서 부드러운 내용물만 내놔야 한다는 강박감이랄까? 그런 것들이 있다. 그냥 쓰자, 그냥 해보자는 생각으로 이번 공저 책쓰기 과정을 하게 되었다. 내가 읽은 책들처럼 써내려면 아마 이 생애 끝나는 날까지 하기 힘들 것이다. 어릴 적 나의 이야기를 쓰면서 힘듦이 있었다. 구태여 끄집어내고 싶지 않은 기억을 소환하는 번거롭고 속 메스꺼운 일이었다. 그러나 해보고 나니 별것 아니라는 생각이 든다. 내가 선택할 수 있고 내 의지로 뭔가를 할 수 있기에 내 삶에 대한 책임은 내게 있는 것이다. 누군가가 말했다. '의지는 환경을 이길 수 없다.'고. 그 말에 공감한다.

그래서 나는 나를 환경으로 몰아넣는다. 일단 이루어낼 것을 생각하면 질러놓고 본다. 내가 하겠다고 말하면, 내 말에 책임져야 하니까 시간의 압박이 밀려오면 하게 되더라는 거다. 그렇게 해서 방송대를 4년 만에 졸업했다. 그 이후에 국가자격증인 여성가정부에서 부여하는 청소년 상담사 3급 자격증도 딸 수 있었다. 보험업을 하면서 이번 달에는 얼마를 달성하겠다고 하고는 노력을 해야 그 목표를 달성할 수 있다. 지금은 허언처럼 농담처럼 되어버렸지만 노력해서 내가 이루고자 하는 목표를 달성해야 다음 고개를 넘을 수 있다.

나의 소소하고 매일매일의 경험이 돈이 되는 순간이 온다고 한다. 이름나게 성공하지 못했는데도 책을 낼 수 있다. 스페인 속담에 사람이 태어나면 해야 하는 세 가지가 있다고 한다. 첫 번째는 아이를 낳는 것이고, 두 번째는 나무를 심는 것이고, 세 번째는 책을 쓰는 것이라고 한다. 책을 읽으면서 참으로 감동적인 문장을 만나면 눈물이 난다. 책으로부터 많은 위로를 받고, 지혜와 통찰도 얻는다. 그럴 때면 나도 책을 써봐야겠다는 생각을 하게 된다. 아이도 낳고, 집에 나무와 식물도 많이 기르고 있으니 두 번째 숙제까지는 끝냈다. 이제 책만 쓰면 이 생애의 마지막 숙제까지 다 하는 것이다.

아인슈타인이 말한 것처럼 나의 잠재력을 한껏 뽑아 쓰다가 가야 하는 것이다. 하지 않으면 모른다. 내가 뭘 잘 할 수 있는지를 말이다. 그래서 도전해 본다. 이태리 가곡을 불러서 개인 연주회를 하고, 사진을 배워서 사진전을 하고, 책을 내서 내 사인을 한 뒤 지인들과 팬들이 생기면 그들과 함께 하고 싶다. 합창단을 하면서 나이가 들어 익어갈수록 더욱 아름답게 나이 들어가고 싶다는 생각이 든다. 아이들이 장성하여 결혼하게 되어 손주가 생기면 그들에게 지구별의 소풍이 아름답다는 걸 알려주고 싶다. 할머니로서 엄마로서 한 인간으로서 꽉 채워진 사람이 되어 소풍을 마치고 싶은 생각이다.

쉽다면 쉽고, 어렵다면 어려운 것이 삶이다. 그냥 하는 것이다. 잘해서가 아니라 그냥 해보는 것이다. 아니면 말고, 좋으면 더 나아지는 인생을 사는 것 아니겠는가? 청년은 아니지만 우리는 누구나 다 청년의 마음이다. 청년 때의 꿈을 지금 실현해 보기 바란다. 오늘이 내 생애 가장 젊은 날이다. 작게나마 이 책으로 인해 가슴에 울림이 있길 바란다.

○ KSB 한국 소상공인 신문기자 활동
○ 더 센 코리아 대표
○ MBTI강사 / 병원코디네이터
○ CS교육강사 1급 / 리더십지도사 1급
○ 고객관리사 / 감정노동관리사 / 스트레스관리사
○ 명지대학교 아동학과 졸업

이메일 5033sylee@naver.com
블로그 https://blog.naver.com/5033sylee
인스타그램
https://www.instagram.com/sylee14789

이선영

05

진정성 있는 나로 살기를
간절히 꿈꾸는 나는 40대

언제나 숨가쁘게 살아왔다. 그러나 하고 싶은 일을 하고 살았던 기억은 없다. 30대 초반 결혼하게 되었고 쉬고 싶었다. 육아를 하며 막상 쉬다 보니 내가 할 수 있는 일은 없었다. 결혼 후 13년 동안 전업주부로 살아온 나는 육아를 핑계로 일을 멀리했던 것도 사실이었다. 이제는 일하는 엄마들의 모습이 부러워 보였지만 스스로 단절한 삶이었다. 나는 가치 있게 살아왔는가? 물어본다면 그냥 회피 혹은 내 만족으로 살았던 것 같다.

시간이 흐르면서 아이들이 성장하는 모습에 내 마음이 불안해졌고 커가는 아들들과 사회에서 입지를 굳혀 나가는 남편의 모습을 보는 것도 좋았지만, 혼자 도태되는 느낌으로 난 이제 할 수 있는 일은 없는 것만 같았다. 지금은 세상에 나아갈 준비가 안 된 나지만, 그래도 일 할 수 있다면 잘해 나가고 싶은 마음은 있었다. 그러나 기회는 오지 않았다. 내가 오너라 하더라도 주부보다는 젊고 똑똑한 학생들을 고용하는 게 당연하니까. 그래서 무언가 시작도 하기 전에 나는 포기와 귀차니즘에 숨어버렸다. 그러던 어느 날 '작은 것 하나라도 시작해 보자'라는 마음이 생겼다. 중간중간 실패와 좌절도 있었지만 이제야 하나씩 내 꿈을 이루어 나가고 있는 중이다. 아직도 부족한 나지만 나와 같이 생각하는 4060 여성들에게 내가 진실로 하고 싶은 일을 도전해 보기를 응원하며 이 책을 읽고 꿈을 꾸는 시발점이 되기를 간절히 바라는 마음으로 글을 적어 내려가 본다.

진정성 있는 나로 살기를 간절히 꿈꾸는 나는 40대

꿈과 호기심 많던 소녀

34평 빌라에 빨간 딱지가 붙었다. 내가 고등학교 2학년 때 일이었다. 부족함 없이 살던 어린시절이었는데 우리 가족은 졸지에 길거리에 나앉게 되었다. 아버지가 친구의 보증을 서준 것이 잘못되어 하루 아침에 집이 경매로 넘어갔기 때문이다. 파란만장하고 치열한 인생 스토리가 그렇게 시작되었다.

나는 1남 7녀의 막내로 옥수동에서 태어났다. 아버지는 내가 6세 때까지 미군 부대 카투사 군인이셨고, 안정된 직장을 뒤로 한 채 사업을 시작하셨다. 어머니는 천생 여자이셨지만 또한 대장부 기질이 있으셨다. 어린시절 기억을 떠올리면 아버지는 술을 드시면 검정 비닐봉지에 빵과 과자 등을 사오셨다. 평소 아버지는 표현을 잘 하진 않으셨지만, 아버지의 눈빛은 언제나 다정하셨고 따뜻했다. 매일 아침에 목욕을 가셨다. 아침에도 집으로 돌아오는 길에 아버지는 늘 빈

손으로 들어오지 않으셨고 가장 맛있던 '크라운산도' 한 박스를 사다 주셨다. 그러면 게 눈 감추듯 먹었던 시절 그 기억은 지금 두 아이를 키우는 나에게 따뜻한 부모가 되어주고 싶다는 생각이 들게 한다.

'활발하고 착실하며 책임있게' 라는 가훈 아래 성실함과 책임감을 강조하신 부모님은 내 인생의 밑바탕이 되었다. 그래서 나 역시 두 아들에게 공부보다는 이 두 가지를 강조하며 인생에서 가장 중요한 덕목이라고 가르치곤 한다. 그것이 바른 인성이고 인성이 되어야 멋진 인생이 열릴 것이라는 생각은 예전이나 지금이나 같은 생각이고 아버지의 뜻이기도 했다. 초등학교 ,중학교시절에는 친구 집에서 방과 후에 매일 모여 숙제도 했고 노래도 만들고 돈독한 우정을 만들며 행복한 유년시절을 보냈다.

고등학교 때는 서클 활동 시간과 지도교수님인, 국어 선생님과 함께 토론을 하며 말하는 방법과 자기 표현방식을 배우며 사춘기가 없을 만큼 바쁜 시간을 보냈다. 나의 인생에서 그때 가장 많이 생각하고 성장했던 것 같다. 졸업 후 대학 진학은 바로 할 수가 없었다. 좋아질 기미가 보이지 않는 우리집 형편에서는 대학을 바로 갈 수 없었기에 다양한 사회 경험을 한 뒤, 2년 후 입학하여 좋은 친구들과 함께 졸업을 하게 되었다.

졸업 후 20대가 되니 나이 차 때문에 어려웠던 언니들이 친구처럼 가까워졌고 친구들이 필요 없을 만큼 서로 고민을 이야기하며 잘 지내게 되었다. 한 예를 들자면 여름휴가를 집에서 보내면 만화책을 빌려보고 뼈다귀 해장국을 배달해서 먹으며 마시지도 못하는 소주 몇 잔을 반주로 삼아 언니들과 함께 4박 5일의 여름 휴가를 그렇게 보냈다. 어머니는 보수적이기도 했지만 우리들이 편하게 쉴 수 있는 모든 환경을 조성해주셨다.

나는 대학 졸업 후 급하게 취업을 했다. 이왕 하는 거니까 기계적으로 열심히만 했던 것 같다. 그렇게 7년의 사회생활을 끝내고 31세에 결혼을 했다. 두 아들을 낳았고 양육하며 13년 전업주부의 삶을 살고 있을 때 남편은 사회생활을 권했다. 경제적인 이유도 있었지만 '나의 일'이 필요하다는 이유였다. 육아에만 전념하면 친구들을 좋아하고 독립이 빠른 두아들들에게 느끼는 공허함이 더 크게 찾아온다고 했다. 그리고 그때쯤 나도 조금씩 엄마의 손을 떠나 자립해 가는 두 아들들을 느끼고 있었고 일을 해야겠다 다짐하며 자신은 없었지만, 필요성을 알았기에 남편의 지지를 받으며 일을 시작하게 되었다.

내 꿈은 행사와 방송 진행

나의 어린 시절은 활발했다. 3년 동안 육상부 활동을 하며 대회를 나가 상을 받을 만큼 재능이 있었다. 고등학교 때는 곧잘 구기 종목도 잘 했고 웬만한 체력과 운동도 또래 남자친구들에게도 지지 않았기에 운동으로 대학 진학을 준비하고 있었으나 여건상 포기해야 했다. '왜 나는 하고 싶은 것도 할 수 없고 매번 포기만 해야 할까?'라는 생각에 슬프기도 했지만 뭐라도 하고 싶었다. 그래서 나는 항상 긍정적으로 생각하고 매 순간 최선을 다했다. 아마도 8남매 막내의 생존본능이라고 할까? 사람들에게 보이는 나는 활달하고 적극적인 아이로 보였던 것 같다. 사실은 A형 같은 O형인데 말이다. 그러면서 내 성격도 바뀌어 갔다. 사람들과 대화하는 것을 좋아하게 되었고, 책임감 있고 성실한 나를 예쁘게 본 선생님께 많은 것을 배울 수가 있었다. 인문계를 졸업한 나는 사회에서 할 수 있는 일이 없었다. 자격증도 실무경험도 없었기에 말이다.

하지만 다행히 운이 좋아서 취업은 잘하게 되었고 적응하기 위해 더 많은 노력을 하며 이력을 쌓아갔다. 사회생활을 하다가 작은 사건이 있었는데 그때 깨달았다. '대학은 꼭 나와야 하는구나'라고 말이다. 그 즉시 하던 일을 그만두고 2달을 독서실에서 나와의 싸움이 시작되었다. 그렇게 남들보다 2년 늦게 입학하여 학비(한 학기에 260만 원)를 벌 만큼 여러 가지 아르바이트(수학여행 교관, 스키캠프 교관, 내레이터 모델, 판매 영업 등)로 대학을 졸업하게 되었고 대학 시절의 많은 아르바이트 경험들이 내 인생을 끌고 가는 데 많은 도움이 되었다. 지칠 때도 힘들 때도 있었지만 친구들과 함께여서 즐겁게 할 수 있었던 것 같다. 힘들 때마다 그때를 생각하며 힘들어도 '모든 일은 포기만 하지 않는다면 할 수 있다' 라는 생각이 각인되었다. 가장 힘든 시기였지만 잘 이겨나갔고 행복했던 기억이 있기에 말이다.

어렵게 입학 후 첫 대학입학금도 없었을 때, 그래서 포기해야 했을 때 어머니가 통장을 주셨다. 어머니의 전 재산이었던 것 같다. 그 돈이 감사하고 가슴이 아파서 더 열심히 살았다. 갑자기 대학 진학을 했기에 연영과를 가고 싶었지만, 레크리에이션과로 전향을 했다. 그리고 행사 진행, 방송 쪽을 전문적으로 배우며 하고 싶었다. 하지만 그 꿈조차 이룰 수 없게 되었고 바로 취업해야 했다. 물론 대학 때 배운 실전 경험들이 많은 도움이 되었다. 그래서 사람을 상대하는 컨설팅도 할 수 있었다. 취업 후 6명의 언니들과 약속이라도 한 듯 열심히 회사를 다녔고 결국에는 단독주택인 3층 집을 장만하게 되었다. 어머니는 알뜰살뜰하게 돈을 잘 모으셨고 검소하셨지만, 그 와중에도 우리에게 부족함 없이 해주셨다. 아마도 어머니가 결혼을 안 했다면 사업가가 되지 않았을까 싶다. 8남매를 기죽지 않고 밝게 키워준 부모님을 나는 존경한다.

영업이 이렇게 재미있는 일인 거야?

그렇게 사회에 한 발을 딛게 된 나는 아들의 '축구 레슨비 정도만 벌자'라는 생각으로 시작했다. 큰 욕심도 없었는데 일할 곳이 없는 현실은 냉혹했고 나에게 돌아오는 건 불합격뿐이었다. 나 자신이 한없이 초라하게 느껴졌다. 육아를 하며 나름 자기 계발로 자격증 공부를 하였고, 아이와 관련된 여러 자격증과 프리랜서로 초등학교. 중학교 과학 방과후 교사, 보육교사 2급 학사 자격증까지 취득해왔던 나였기에, 시간제 아르바이트마저 떨어지는 그때의 내 현실에 좌절하지 않을 수 없었다. 결국 대학 친구의 소개로 여행 체험 가이드를 시작해 보기로 결심했다.

그러던 찰나, 작은 아이가 학습지를 하던 것이 끝나게 되어 재계약을 하지 않겠냐는 전화가 왔고 여러 경로를 통해 이 일을 해보지 않겠느냐 제의를 받게 되었다. 다음날 출근하는 가이드는 고정급이었고 내가 좋아하는 일이었지만 지방 출장도 있었다. 제의를 받은 k그룹 학습지는 자유로웠지만, 급여조건이 좋지 않았다. 나는 선택을 해야만 했다. 살면서 매 순간 선택을 하지만 언제나 선택은 힘이 드는 것 같다. 다 가질 수는 없는거니까 말이다. k그룹 일은 실적제로 지급되는 급여체계이긴 했지만, '시간 자유가 있어 두 아들을 키우면서 잘 할 수 있을 꺼' 라는 희망으로 결심을 하게 되었다.

　그런데 영업이 그랬다. 내 아이 학습지부터 시작되며 생각보다 많은 책을 구매하게 되었고 열심히 해서 돈을 벌고 싶었으나 내 마음과 현실은 너무나 달랐다. 실질적으로 일을 정확히 알려주는 사람은 없었기에 하루하루 마음은 바빠져만 갔다. '아, 이래서 영업은 아무나 하는 게 아니구나.' 싶었고 혼자 걱정만 하고 앉아 있을 수는 없었다. 물론 내 아이들에 필요한 것이기도 했지만 다달이 납입하는 금액이 부담되어 이것을 다 완납 할때 까지는 절대 그만두지 않으리라는 간절함으로 영업을 시작하였다. 놀이터로 거리로 마트 행사로 다니며 혼자서 개척을 하고 상담 약속을 잡았다. 나는 매일 새벽 5시에 일어나 2시간씩 공부를 하기 시작했다. 상담기술도 영업기술도 없던 나는 남들보다 몇 배로 더 노력하는 수밖에 답이 없었다.

　어떻게 그렇게까지 할 수 있었나 지금 생각해 보면 내 선택에 포기하고 싶지 않았던 '자존심과 간절함' 이었던 것 같다. 입사 후, 한 달이 되어 가면서 성과가 보이기 시작했고 내 하루하루의 노력은 헛되지 않았다. 오로지 '할 수 있다' 라는 생각만으로 열심히 하였고 내가 있는 그 자리에서 최선만을 다했다. 두 아들을 키우며 늦어진 근무시간은 주부로서 부담스러웠다. 그래서 계획을 짜서 시간을 잘 활용해야 했다. 끊임없는 노력 끝에 첫 월급이 300만 원으로 시작해 고속 승진을 하게 되었고 아는 사람에게 아쉬운 소리를 하기 싫어 오로지 100% 개척 영업을 하며 사람들을 만났다. 그러다 보니 조금씩 성장하는 나를 발견하게 되었고 그렇게 개척해서 만난 사람들이 나의 조직원이 되었다. 내가 경험한 노하우를 통해 조직을 이끌며 영업과 교육을 겸할 수 있는 '지국장'이라는 자리까지 승진하게 되었다.

함께 일하며 평범한 주부에서 전문가로 거듭났고 내가 누군가에게 도움을 주고 또 함께하는 선생님들의 성장하는 모습을 보며 행복하고 보람됐다. 그때의 간절함이 지금의 나를 만들게 되었던 것같다. 누구에게나 간절함은 있다. 그 간절함의 정도의 차이가 있을 뿐이다. 그것에 목표를 더하고 생생하게 꿈을 그리고 입으로 선포하니 그대로 이루어져 가고 있었다.

　내 삶의 헛된 시간은 없었고 개척교회에서 신앙생활을 하며 노방전도했던 모든 것들도 '하나님이 나의 삶을 예비하셨구나' 싶었다. 그래서 삶의 마인드도 바뀌게 되었다. 흘려보냈다고 생각한 이 시간 마저도 헛되지 않았다는 것을.. 지금 보내는 이 시간 역시 소중한 경험과 재산이 될 것이라고 말하고 싶다. 이렇게 나의 13년의 경단녀의 삶이 정리되고, 새로운 인생이 열리게 되었다.

내 꿈을 향해 스펙을 쌓고 시간을 투자하기!

　좋은 습관과 노력은 나를 성장시키고 정상에 설 수 있게 만들어 주었다. 물론 타고난 재능으로 성공하는 사람들도 있지만 성공한 사람들은 10%의 성장을 위해서 죽을 만큼 노력한다고 한다. 99도까지 열심히 온도를 올려놓아도 마지막 1도를 채우지 못하면 영원히 물이 끓지 않는 것처럼 말이다. 물이 끓는 건 마지막 1도이다.

　우리도 그렇다. 성공과 실패는 포기하고 싶은 바로 그 순간을 참아 내고 견뎌 내는 것이다. 어떤 이는 자기가 처한 현실에 불평하는 사람도 있다. 하지만 꿈을 이루기 위해 노력하는 사람은 불평할 시간이 없다. 오롯이 나에게 집중하며 시간을 투자하고 부족함을 채우기에 바쁘다. 시간을 아끼며 자기 계발에 힘쓰며 노력한다. 자신감은 실력에서 나오기 때문이다. 나는 그런 실력 있는 사람이 되기 위해 상담 스킬을 키웠고 실패하는 경우에는 원인을 하나씩 분석해 보았다. 그리고 내가 쏟은 그 시간만큼 성장했다. 그래서 나의 경험을 토대로 선생님들의 성장을 도와주었다. 잘 안되는 부분은 피드백을 해주었다. 그 결과 함께 일하는 이들이 신뢰할 수 있는 리더가 되었고 팀원 개개인 모두 발전하는 우리 팀이 될 수 있었다.

미래는 'AI 시대'라고 하지만 인간의 감정은 기계가 대체해 줄 수 없기에 소통은 영업에 가장 중요한 것 중의 하나라고 생각한다. 현재 나는 더센코리아 대표이자 CS강의와 소상공인 기자 활동과 함께 다양한 분야의 다양한 사람을 만나 공감하고 소통하며 전시, 홍보 등 그들에게 필요한 도움을 주고 새로운 직종의 직업을 안내해 주기도 한다. 경단녀와 직업을 함께 고민하고 찾아가는 방법을 연구한다. 새로운 일을 찾고 돈을 버는 것도 중요하지만 급한 마음에 급하게 일을 시작하면 내가 하는 일에 대한 재미도없고 일에 대한 허무가 온다. '급할수록 돌아가라' 라는 말이 있다. 내가 잘할 수 있는 일, 좋아하는 일, 시간 가는 줄 모르고 행복하게 할 수 있는 일을 찾아서 시작해 보기를 권해본다. 이제는 100세 시대이다. 당신의 나이와 관계없이 이제 막 사회의 첫발을 내딛는 2030의 마인드로 용기를 내보길 진심으로 응원해본다.

강점을 살리고 단점을 수용하는 나!

결혼을 하고 육아를 하며 나의 장점에 대해 생각해 본 적이 있을까? 아마도 '내가 아이를 잘 키우고 있는가?' 는 수시로 생각은 했어도 나 자신에 대한 생각은 하지 않았으리라 추측해 본다. 그럴 시간도 마음의 여유도 없었기 때문이다. 하지만 가끔씩 아이가 크는 모습을 보면 '이젠 아이들 학원비나 벌어볼까?' 혹은 그냥 막연히 '일을 해보고 싶다'라고 생각이 들 때가 있다. 그럴 때 주변에 조언을 구해 보곤 한다. 그러면 내 주변 친구들이 긍정적인 조언을 해주었는지 부정적인 조언을 해주었는지 물어보고 싶다. 당신이 조언을 구하자 마자 당신에게 부정적인 말로써 의지를 꺾는 사람은 멀리하는 것이 좋다. 주변의 부정적인 생각을 갖고 있는 사람은 나에게 좋은 영향을 줄 수가 없다. 물론 내가 잘못된 선택을 할 때는 조언해주는 것은 당연하지만 말이다. 나를 믿어주고 응원하며 용기와 격려를 해주는 사람이 있다는 것은 진실로 중요하고 감사한 일이다.

조언을 구했지만 사실은 답은 내가 가지고 있다. 단지 나에겐 용기가 필요했을 것이고 자신감을 갖고 싶었을 것이다. 그래서 나를 무한히 지지해 주는 사람도, 때로는 냉철하게 분석적으로 이야기 해주는 사람도 필요로 할 것이다. 나의 마음이 안정이 필요하기 때문이다. 무언가의 도전이 자신이 없기에 말이다. 내가 하고자 하는 일이 자신이 없다면 스스로를 합리화하며 포기해야 하는 이유를 대며 설득했을 것이고 하고자 하는 마음이 있었다면 나아가기를 다짐했을 것이다. 조언을 구하되 선택은 내가 주체가 되어서 실패를 해도 괜찮다는 경험의 마인드로 포기하지말고 시작해 보라고 말하고 싶다.

'첫술에 배부른 것은 절대로 없기 때문이다. 배가 너무 고팠을 때

한수저 밥을 먹는다고 배는 절대로 부르지 않는다. 이런 작은 각오와 다짐 그리고 시행이 미비해 보이더라도 이런 시행착오들이 결국에는 멋진 나를 만들어 갈 수 있다. 누구나 처음은 있다. 마음으로 본다면 손으로 반드시 쥐게 된다.' 라는 책의 글귀를 읽은 적이 있다.

고로 내 생각은 곧 현실이 되고 미래가 된다는 말이다. 말이 씨가 된다는 속담이 있듯이 말이다.

구체적인 나의 머릿속 생각은 어느 순간 행동이 되고 그 작은 행동이 결과로 나타나는 것을 보게 될 것이다. 꿈을 구체적으로 꾸었을 때 목표는 하나씩 반드시 이루어나가게 된다.

우리의 삶은 한 번에 변화하지 않는다. 한 번 시도에 다 잘 되는 것도 아니다. 그거야 말로 꿈이다. '좌절없는 꿈은, 노력없는 꿈은' 절대로 없다. 시작이 반이다. 무언가 시작이 두려운 우리 자녀를 본다면 엄마인 나는 뭐라고 조언해줄 것인가? 용기를 내보자! 20대에 우리가 첫 사회에 발을 디뎠을 때의 용기처럼 말이다.

시간이 흐르매 지금의 어린친구들보다 부족한 것도 많겠지만 지금은 그 무엇과도 바꿀 수 없는 인생의 찐 경험과 성숙이 있지 않은가? 그건 돈으로도 살 수 없는 경험이다. 물론 지금 용기를 내서 하고 싶은 일을 도전해도 사람에 따라 눈에 띄는 성과는 바로 드러날 수도 드러나지 않을 수도 있다. 제자리걸음 같을 것이고 내가 무얼 하고 있나 싶은 자괴감마저 들 수 있다. 그래서 우리는 급하지 않지만 중요한 일을 하나씩 해 나아가는 것이 필요하다.

그건 내가 하고 싶은 일에 대한 '계획과 목표, 실행'의 시기를 정하라는 것이다. 그리고 적어보도록 하자. 작은 계획이라도 그 계획을 이루려고 노력하기를 권해 본다.

'내 생각, 내 최면, 내 간절함' 그리고 가장 중요한 '내 실행'이 4가지가 있다면 반드시 당신은 이루어 낼 수 있을 것이다. 이것은 내 경험이기도 하다. 나 자신에게 지쳐서 포기만 하지 않는다면 내 성장의 시간이 더뎌서 좌절만 하지 않는다면 말이다.

언제나 발전의 시간과 내 스스로의 좌절은 성장하기 위한 필수과정이다. 이런 것들이 준비된다면 흐릿했던 내 미래가 조금씩 보이게 될 것이다. 이겨내는 건 내몫이다. 준비해 보자. 그렇다면 기회가 온다면 잡을 수 있다. 기억하자 기회는 반드시 온다.

나는 이 말을 참 좋아한다. 고 정주영 씨는 "실패는 있어도 좌절은 없다."라고 말씀하셨다. 실패는 누구나 할 수 있다. 그러나 좌절해서 넘어질 때 일어 날 수 있는 힘이 사람마다 다르다고 한다. 못 일어나는 사람도 있을 것이고 같은 경험을 해도 아무 일 없이 툭툭 털고 일어나는 사람도 있을 것이다. 하지만 포기 하지 않고 일어나려는 노력을 한다면 당신의 인생에 밑거름이 되고 당신이 원하는 것들이 조금씩 이루어지고 있을 것이라고 확신할 수 있다.

내 성격은 이래서 저래서가 아니라 그건 누구도 도와줄 수 없는 부분이기에 내가 변화하려 노력하는 것들이 첫 출발이 되어야 할 것이다. 그것이 첫 마인드이고 시작이다. 나와의 싸움인 이것이 가장 큰 숙제가 될 것이다. 내가 부족한 것이 있다면 더 빠르게 인정하고 더 많은 노력을 하면 된다. 우리가 자녀에게 자신감을 줄 때 "너는 할 수 있어"라고 용기를 주는 말처럼 말이다. 세 부류의 사람이 있다고 한다. 스스로 열정을 태우는 사람, 옆에서 열정을 태워주어야 하는 사람, 열정을 옆에서 태워주어도 하지 못하는 사람. 당신은 어떤 사람이며 어떤 사람이 되길 원하는가? 나는 알고 있다. 모든 것은 나의 열정에서 시작된다는 것을 말이다.

천리길도 한 걸음부터이다. 그 한 걸음이 우리에게는 왜 이렇게 힘이 드는지 ….

그래서 그 결과는 더욱 값지게 느껴질 것이다. 분명 우리에게는 강점이 있다. 장점을 강하게 키우면 강점이 되고, 단점도 고치면 나만의 색과 장점이 될 수 있다. 누구와의 경쟁이 아닌 나와의 생각에서 스스로 이겨내야 한다. 그게 가장 큰 첫째 목표이다. 현실을 자각하고 포기할 건 포기해 보자. 그럼 더 마음이 가볍다. 너무 많은 생각은 나의 행함에 발목을 잡게 된다. 그래서 힘든 선택이었던 만큼 선택 후의 행동은 확실하고 그리고 후회없는 최선의 노력을 다해야 한다.

4060 여성들이여 마음아, 이겨라!

위너들은 어떤 결정을 내릴 때 신속하게 내리고 최선을 다하며 자신 있게 행동한다고 한다. 나를 믿기 때문이며 죽도록 최선을 다할 본인의 각오가 있기 때문이다. 그러나 우리는 어떨까? 오랫동안 생각하고 망설이다 시작한다. 그러나 문제가 생기면 포기는 더욱 빠르다.

남에게 피해가 될까.. 나는 부족하니까라며 나 자신의 상처보다 남들의 시선을 더 의식한다. 그것은 나에 대한 확신이 나조차 없기 때문이며 내가 부족하다는 것을 한없이 느끼고 있기에 스스로 상처를 내고 그것을 받고 있다. 급한 마음에 일을 시작하기에 바빴지 나에 대해 알아가고 분석하는 준비의 시간이 없었다. 그게 무엇이던지 나에게는 충분한 시간이 필요하다. 시간을 주자. 그 누구와 나를 비교하는 것이 아닌 그래서 주눅들지 않고 스스로 준비하는 시간이 충분히 필요하다. 그런 두려움을 깨면 반드시 성장이 온다. 아무것도 하지 않으면 아무일도 일어나지 않는 것처럼 말이다.

준비하자 당신이 부족한 것이 아니라 세상은 너무나 빠르게 변화하기 때문이다. 좌절하지 말고 이제 첫 발을 디딘다고 생각하자.

이제 시작이다.

물론 대단하지 않은 나의 '삶' 이지만 결혼해서 13년 동안 경단녀

로 살아왔던 내가~

　이제야 하고 싶은 일을 하며 내 꿈을 하나씩 이루어가고 만족하는 삶을 살기까지 나 역시도 다짐과 행함에 오랜 시간이 걸렸다. 늦었다고 말하는 사람들도 있었고 편하게 살아가는 방법도 있었지만 조급하게 생각하지 않으려고 노력했다. 외롭고 앞이 안 보일 때 씨를 뿌리고 있는 과정이라고 생각하며 나를 믿는 친구들의 응원을 받으며 이겨낼 수 있었다.

　생각해 봤다. 새해 우리는 다짐한다. 그런 다짐에도 불구하고 나는 1년 전보다 왜 성장하지 못했을까? 생각해 보면 우리는 알고 있다. 다이어트처럼 말이다. 최고의 성형은 다이어트가 아니던가? 다 알지만 실행하지 못하는 것! '아는 것과 실행하는 것은 다르다는 것을'

　'배움과 성장'은 조금씩 우리가 원하는 방향으로 데려다주지만 시작이 없다면 항상 제자리 걸음일 것이다. 위에서 말한 것처럼 아무것도 하지 않으면 아무것도 달라지지 않는다. 그렇다. 이 말은 나에게 진리였다. 그리고 깨닫게 되었고 더 노력하게 되었다. 그 노력은 지쳤고 때로는 앞이 안보이고 우울했으며 힘들었지만 그 노력만큼의 삶은 공평했고 나에게 많은 것을 느끼고 성장하고 좋은 것을 가져다주었다.

　함께 일하는 좋은 사람들과 그 속에 자연히 따라오는 경제적인 안정 그리고 자신감 있는 엄마를 보는 자녀들의 성장과 나의 마음의 여유들 그 외의 것들 말이다. 이 책을 읽는 당신도 엄마가 아닌 나 자신을 찾으려 노력한다면 1년 후의 환경 그리고 삶에 대한 나의 가치관과 나의 삶도 바뀌게 될 것이다. 당신 만큼 치열하게 최선을 다해 살아온 사람은 없었다. 나 역시 그렇게 살아왔고 지금도 그렇게 살아가고 있다. 지금 나에게 변한 건 하나다.

그건 단지!! 선택이었다. 그 선택이라는 것은 '나의 일'이었고 지금의 그 일은 나를 움직이게 하는 '힘과 원동력'이 된다. 나는 노력한다. 그리고 이 책을 읽는 당신들에게 조그맣게 읊조려본다.
"4060 여성들이여 마음아 이겨라!"
4060 모두를 응원하며….

- 경리아웃소싱을 운영하는 나
- 여행을 좋아하는 나
- 영화를 좋아하는 나
- 건물주가 되고싶은 나
- 일을 사랑하는 나

이메일 waterand@naver.com
블로그
연락처 010-5241-5649

이명희

06

내 삶의 주인으로 행복한 나

 1967년생, 두 아들의 엄마이며 아직 사회인으로 경제 활동을 하고 있다. 난 여행을 좋아한다. 혼자 하는 여행도 좋고 누구와의 여행도 좋다. 그 나름대로 재미가 있고, 일상을 벗어날 수 있다는 것만으로도 좋다. 영화와 음악 감상도 좋아한다. 결혼 전에는 휴가 때 아침 조조영화를 시작으로 종일 극장을 돌아다니며 영화를 봤다. 저녁 늦게까지 보다 보면 머리가 흔들거려도 다음날 또 그렇게 하루를 영화관에서 시작했다.

 30년 넘게 직장 생활을 하다, 내 일을 시작한 지 이제 5년 차 되었다. 그동안 많은 일이 있었다. 사람을 좋아하는 나지만 믿었던 사람한테 상처받은 일을 계기로 직장 생활할 때보다 깊은 사회 경험을 이제서야 하는 것 같다. 약속을 지키지 않는 사람, 눈에 보이는 거짓말을 하는 사람과 함께하기 어려움을 깨닫게 되었다.

 지난 한 해, 새로운 것을 시작했다가 뼈저린 실패를 하고야 말았다. 사람에 대한 실망이 너무 컸다. 내가 믿었던 사람을 경력 직원으로 썼다가 오히려 더 상처를 받고는 나도 모르게 눈물이 나서 아무도 없는 사무실에서 목놓아 울었다. 지금 이 글을 쓰면서 그때 생각에 나도 모르게 또 눈물이 난다. 여태 다른 사람한테 싫은 소리는 안 했던 나지만 처음으로 할 수밖에 없었다. 이렇게 인생의 절반을 조금 더 살아온 이 시점, 스스로에 대해 많은 생각을 하게 되었고 이 글을 써 내려간다.

내 삶의
주인으로
행복한 나

매우 소극적이고 수줍음이 많았던 나

어려서는 매우 내성적이어서 누가 불러도 얼굴이 빨개졌고 학교 다닐 때는 떨려서 발표도 제대로 못해 대답만 간신히 했다. 특히 음악 실기 시험 때는 공포 그 자체였다. 떨려서 목소리도 안 나오고 음치 박치여서 애들이 웃는 바람에 제대로 시험을 볼 수가 없었다.

또한 악기 시험을 볼 땐 새끼손가락이 유난히 짧아 피리 구멍을 막지 못해 피리로 시험을 보는 간단한 것조차 할 수 없었다. 가난하여 피아노도 배우지 못했는데 한 손으로 피아노 건반을 외워서 칠 수밖에 없었다. 또한 성인이 되어서 기타를 배우고 싶었지만 기타 선생님이 새끼손가락 길이가 아기 손 같아 힘이 없으니 손가락에 끼워 길이를 연장하는 기구를 사용하자고 하였다. 그러나 기타 목을 잡고 힘을 쓸 수 없어서 안 된다고 해 포기를 했다.

어린 시절, 6남매이다 보니 큰언니는 초등학교 졸업 후 바로 공장으로 가 밑에 남동생을 뒷바라지해야 했다. 같은 이유로 작은 언니가 고등학교 갈 때 동네 사람들이 와서 말릴 정도로 아버지와 어머니는 많이 싸우셨다. 여자애는 돈을 벌어야 하는데 학교를 보낸다고 말이다. 그다음은 나였다. 난 언니들처럼 하고 싶지 않아서 스스로 신문배달과 함께 방학이면 제품 공장 보조로 크리스마스 땐 백화점 아르바이트로 밥도 제대로 안 먹고 수당을 받기 위해 일해야만 했다. 2~3일을 계속 서서 일하다 보면 다리가 퉁퉁 부어 많이 아프고 지쳤고, 집에 가면 녹초가 되었다. 난 돈을 벌 수 있는 아르바이트라면 가리지 않고 했다.

한번은 상업 은행에서 정사 요원이라는 아르바이트를 했다. 헌 돈과 새 돈을 가려서 새 돈은 다시 은행으로 헌 돈은 한국은행으로 보내는 일이었는데 광장시장을 끼고 있는 은행이라 주로 광장시장 상인분들이 많았다. 그중 생선 장사를 하던 분이 들고 오신 돈은 정말 힘들었는데 생선 비린내 때문에 밥도 먹기 어려웠기 때문이었다. 당시 돈다발을 보면 돈인지 종이인지, 돈이라는 생각이 들지 않았다.

그리고 일당이 센 주물공장에서 친구들과 같이 아르바이트를 했다. 일손이 부족한 공장이니 남자애 여자애 성인 가리지 않았고 일당도 제법이라 점심은 항상 푸짐하게 먹을 수 있었다. 허드렛일이었지만 그래도 재밌었다. 가마에서 제품이 나올 때면 그 더운 여름에 온몸에 땀띠가 덕지덕지 났지만 신문 배달보다 돈이 많아서 힘들어도 재밌었다.

신문 배달을 할 때, 한양대학교 시체실 옆 연구실에 배달할 때가 가장 무서웠다. 그곳에 갈 때면 서늘해서 음치 박치인 내가 나도 모르게 노래를 부르곤 했다. 지금 생각하면 무서운 곳이 아니라 냉장 시설이 잘 되었던 탓에 서늘했지만 난 어린 마음에 무서웠다. 이런 날 보고 언니 오빠들이 조용히 좀 다니라고 말해, 내가 무서워서 그렇다고 하니 한 달만 넣고 그만 넣으라고 했다. 내 월급이 줄어드는 것은 생각도 안 하고 시체실 옆을 안 가게 된 것만으로도 기뻤다. 등록금조차 한 번도 달라고 해 본 적 없이 스스로 다 해결했다. 난 조용히 열심히 살았고 지금도 열심히 살고 있지만 형편은 크게 나아지지 않았다.

직업군인, 소소한 행복

뭘 좋아했는지 뭘 잘하는지 생각이 나질 않는다. 어려서는 직업군인이 되고자 했지만 체력장에서 떨어졌다. 지금이야 뭐 돌도 씹어 먹을 정도로 건강하지만 어려서는 비실이라는 별명이 있을 정도로 약했다. 내가 몸도 약하고 소극적이다 보니 아마도 막연히 강하고 멋진 군인이 되고 싶었나 생각해 본다.

　소소한 행복은 시부모님이 돌아가시기 전까지는 아웃이다. 남편한테 내 생일과 결혼기념일 일 년에 두 번은 외식하자고 했다. 우리 둘만의 시간을 가져봤으나 효자인 남편과 둘만이 외식하러 나가는 외출은 마음이 편하지 않았다. 한번은 남편과 둘이 외식을 하고 들어오는 길에 비가 많이 와서 비를 맞으며 들어갔는데 시어머니께서 노발대발 난리가 아니었다. 그때나 지금이나 신랑은 그분들의 손안의 자식이다. 그 이후 결혼기념일에도 먹을 것을 사서 들어와서 식구들과 같이 먹어야만 했다.

　최근에는 집안 행사로 대구까지 갔다 온 날이 있었는데 시아버지께서는 항상 같이 다녔지만 그 날은 좀 아프셔서 같이 못 가게 되었다. 2시도 채 안 된 시간에 대구에서 출발했는데 집에는 8시 30분이나 되어서 들어갔다. 8시가 되어 갈 무렵 시아버지께서 전화하시더니 왜 이렇게 안 오느냐고 역정을 내셨다. 대체 몇시에 출발했길래 이렇게 늦느냐고 우리 내외가 어디라도 다녀오는 줄 아셨나 보다. 이러니 효자인 남편과 단둘이 가는 여행은 꿈도 못 꾼다.

　결혼생활 30년 동안 참으로 많은 일이 있었다. 처음 결혼 후, 시댁의 통행금지 시간이 9시였지만 난 나가면 일부러 12시 전에 집에 들어가지 않았다. 특히 회사에서 놀러 가는 것은 무조건 임신해서도 다

갔다. 시아버지 시어머니는 그렇게 여행을 갔다 오면 나하고 한 달씩 말도 안 했지만 그래도 난 갔다.

시어머니랑 내 생일은 하루 차이이다. 시어머니 생신상을 잘 차려 드리고 난 내 생일날 외박을 한다. 내 생일은 3년 전부터 공식적인 외박으로 혼자 여행한다. 여행은 호텔로 친구랑 갈 때도 있다. 호텔에서 숙박하고 식사도 호텔에서 하고 와인을 마시며 입욕도 하면서 친구와 밤새 수다를 떤다.

꿈도 못 꾸던 해외여행도 시댁하고 트러블이 생겨 홧김에 간 것이 시초가 되어서 해마다 해외여행을 갔다. 코로나 때문에 3년을 못 가다가 이번에 갔다 오니, 숨통도 트이고 너무 좋았다. 후배 덕으로 베트남 자유 여행을 갔는데, 먹고 싶은 대로 먹고 자고 싶은 대로 자고, 날 아는 사람이 없으니 자유스러웠다. 내가 어떻게 입던 먹던 신경 안 써도 되었기 때문이다.

국내에서는 그 돈으로 그렇게 즐길 수가 없다. 비싼 리조트에서 수영은 못하더라도 물에서 노는 것도 좋다. 아침 조식으로 커피와 함께 푸짐하게 럭셔리하게 여유를 부리며 먹는다. 고층 호텔에서는 안개가 발밑에서 흐른다. 굳이 나가지 않더라도 침대에서 바다가 보이는 곳에서 해가 뜨는 것도 볼 수 있고 아침 일찍 모래를 밟으며 산책을 하다 아침을 맞이하는 것도 행복하다. 이러니 여행이 좋다. 한국에서는 대체로 아침도 못 먹고 바쁘다. 난 사무실에 도착해서야 선식 또는 가벼운 아침으로 대충 때운다. 앞으로 여행도 더 많이 다니고 싶은데 그러려면 건강해야 한다고 생각한다.

남들보다 더 열심히 노력하고 배우고

원하지 않았지만 상업학교 출신이다 보니 이십대에는 일반 회사 경리로 취업을 했다. 처음 들어간 회사에서는 사장님께서 주산을 못 쓰게 했는데 계산기가 타자기만큼 커 빨리 익혀야 했다. 버스를 타고 다니면서 번호판과 전화번호를 계산기로 찍는 연습을 했다. 일주일도 안 되어서 계산기를 자유자재로 쓸 수 있었을 뿐 아니라 난 왼손으론 계산기를 오른손으론 글씨를 썼다.

7년이 넘게 다닌 선배의 일을 인수인계를 받아야 했기 때문이다. 사장님은 내가 인사를 해도 받아 주지 않으셨다. 3개월도 못 버티고 나갈 줄 알았다고 나중에 들을 수 있었다. 오차 없이 짧은 기간 내에 해내는 것을 보시더니 그제야 인정을 해 주시기 시작했다.

저녁에 40명 정도 되는 영업사원들이 수금해 온 것을 금고에 넣어 놓으면, 난 아침에 돈과 영업사원들이 적어서 낸 것을 빨리 맞춰본 뒤 실적표를 9시까지는 사장님 방에 갖다 놔야 했기 때문에 모든 일을 초스피드로 해야만 했다. 오차가 나면 안 되기에 난 7시면 출근을 해 일을 시작했고 8시 30분 정도면 사장님 방에 실적표를 올릴 수 있었다. 또한 영업사원과 사장님이 회의하는 동안 난 일비를 계산해서 영업 나가기 전에 지급을 다 해야 했다.

전화번호만 해도 300개에서 400개를 외우고 위치와 상호도 정확히 알다 보니 영업사원들이 날 볼 땐 귀신 보듯 했다. 일비를 주느라 영업사원들한테 가면 '어이구 춥다' 하면서 나의 쌀쌀함을 비꼬았다. 내가 그 회사를 그만둘 땐 내가 하던 일을 3명한테 인수인계를 해야 했지만 난 그렇게 많은 일을 하는 줄도 모르고 했다.

일반 회사에 다닐 때, 언니들이 결혼하면서 직장을 그만두는 것을 보고는 이직을 결심했다. 우리 회사를 관리하는 세무사 사무실 담당을 보고는 일은 배우기 어려워도 배워만 두면 나중에 내 사업을 하든 결혼을 하든 안 하든 계속 직장을 다닐 수 있다는 것과 실생활에 도움이 많이 될 것 같다는 생각이 들어 직업전환을 했다. 그 당시 세무사 일은 일도 힘들고 월급도 작아서 안 가려고 하는 직업이었다.

남들보다 늦게 시작했으니 더 많이 노력해야 했다. 그 당시는 자기계발에 관련된 것을 회사에서 용인해 주지 않았다. 스스로 해결해야 하는 문제였다. 역삼동에 있던 회사가 6시 30분에 끝나면 홍대에 있는 학원까지 부지런히 가야 했다. 그래도 30분은 지각이었다. 저녁은 먹을 생각도 하지 못했다. 10시 30분까지 강의를 듣고 집에 가면 12

시, 아침이면 7시도 안 되어 회사에 도착해 공부도 좀 더 하고 일도 해야 했다. 간간이 세법 개론도 들으러 다니며 노력했는데 하나씩 배워가는 재미가 좋았다.

일을 한참 배우는 과정에선 선무당이 사람 잡는다고 내가 아는 것이 다인 줄 알고 잘못 가르쳐 줘도 사람들은 믿곤 한다. 그 당시 사무장님이 가만히 들어 보면 내가 좀 틀리게 가르쳐 주는데도 상대방은 그 말을 다 믿더란다. 그것도 재주라고 했다. 일을 하나씩 끝내고 외상대를 다 맞췄을 때 기분이 좋았다. 하지만 일을 알아 갈수록 고개도 숙여지고 일을 끝내서 좋은 것보다는 뭔가 실수는 안 했는지 내가 놓친 부분은 없는지 그런 걱정이 더 많아져서 마음은 항상 무거웠다.

내가 경력자가 되었을 땐 직원들한테 아는 지식을 가르쳐 줬다. 교육지를 만들고 업무 시간에는 가르쳐 줄 수가 없으니 아침 일찍 또는 퇴근 후 한 시간씩 몇년을 교육했는데 어느 날 업무 시간 중에 해야지 본인 개인 시간을 빼앗기기 싫다는 말에 원하는 사람만 가르쳤다. 시대의 흐름 아닐까 한다. 난 가르쳐 주는 사람이 없어서 고생했는데 시대가 흐를수록 더욱 개인주의가 더 강해지는 것 같다. 이렇게 배운 일이 지금까지 계속이다. 적성이 맞지 않는 일을 하느라 고생한 줄 알았는데 안 맞는 것은 아닌가 보다. 이렇게까지 오래 하고 있으니 말이다.

나와 두 아들

일반 회사 경리에서 세무사 사무실 직원으로 이직한 후 여태 일을 하고 있다. 30년 직장 생활을 끝으로 세무와 관련된 경리 아웃소싱이라는 직업으로 다시 시작했다. 내 직업은 스트레스를 많이 받는 직업이었다. 두세 가지 소득이 있는 근로자와 일반 소득자 또 사업체들의 세금과 관련된 업무를 했다. 세금을 합법적으로 줄여야 하는 일이다. 초보자는 하기 힘들며 일 배우는 과정도 어렵다. 노력하지 않으면 살아남기 힘든 직업이다.

사장님들은 한 푼이라도 세금을 적게 내고 싶어 하기에 바른 판단을 할 수 있도록 많은 정보와 자료 제공을 해야 한다. 또 세무사님의 자격에 누가 되면 안 되며 우리 일은 인적자원도 중요한 요소이므로 직원 관리도 잘해야 한다. 이렇게 일을 풀어가는 과정에서 스트레스를 많이 받게 된다. 항상 위장약과 두통약은 상비약으로 들고 다녔다.

난 일을 끝내고 원하던 손익이 나왔을 때, 장부를 출력할 때 성취감을 느낀다. 일을 열심히 한 후 그 기분은 무엇과도 비교할 수 없을 만큼 좋다. 일할 때 난 즐겁다. 난 오랫동안 이 일을 하고 싶고 최종 목적이 달성될 때까지 열심히 재미있게 하고 싶다.

내가 독립한 후 일은 크게 달라지지는 않았다. 그러나 내 의지대로 일을 하면서 스트레스를 덜 받으며 운동도 간간이 하다 보니 많이 건강해져 최근 두통약과 위장약은 거의 안 먹게 되었다. 하지만 21년 3월에 사업을 확장했다가 뼈저린 실패를 경험했고 실패로 많은 일을 겪으며 다시 건강도 나빠졌다. 특히 사람에 대한 실망과 후회를 다시는 겪고 싶지 않다.

어떻게 해서든 내 아이들은 가난하게 살지 않게 하리라, 나처럼 살게 하지 않으리라 이 생각으로 열심히 열심히 일하면서 큰아들 유학도 보냈다. 유학 생활을 이렇게 잘할 줄 알았으면 유럽으로 보낼 걸 할아버지 할머니 고모의 사랑을 듬뿍 받고 자란 큰아들이 적응하지 못하고 혹시 올 줄 알고 일본으로 보냈는데 지금은 이를 후회한다.

큰아들은 유학도 혼자 준비하고 혼자 떠났다. 이불도 없이 일주일을 옷으로 덮고 자고 했단다. 외국 애들한테 인기도 많았다. 어려서 피아노는 기본만 가르쳤는데 밴드 동아리에선 기타를 치고 대학교 소모임에서는 피아노를 쳤다. 애들이 환호하면서 축하를 받는 그 영상을 나한테도 보내줘서 보면서 마음이 참 좋았다. 유학 가기 전 가끔 내가 우울할 땐 큰아들이 피아노도 쳐 줬다.

외국어도 빨리 습득해서 일본어 영어 태국어 중국어를 하니 각국 나라 애들과 의사소통하는 데 전혀 문제가 없다. 외국 애들을 데리고 한국에 들어왔다가 다시 가는 길에 공항에 문제가 생겼는데, 공항에서 일본어로 영어로 태국어로 중국어로 현재 상황을 설명해 주는 모습에 자랑스러웠다. 박사학위를 받고 군대에 가기 위해 한국으로 들어오기 전까지, 태국 대학교에서 태국말로 일본어를 가르치고 영어로 사회과 강의를 했다. 현재는 군 복무 중이다.

작은아들은 하고 싶어 하는 춤을 배울 수 있게 신랑 몰래 밥값에 교통비까지 대줬다. 집에서는 춤추는 미친놈이라고 아무것도 해 주지 말라 했다. 군대도 일찍 보냈고, 군대에 갔다 와서도 춤을 추고 싶으면 그땐 말리지 않겠다고 내가 약속했다. 아들의 근무지는 파주인데 육군본부는 충청도에 있다. 둘째는 휴가까지 신청해 시험장인 육군본부까지 그 먼 길을 기차 타고 버스 타고 택시 타고 가서 결국 합격해 군 페스티벌까지 춤으로 참여했다. 연예인들과 같이 한 달 동안 생활도 하고 공연도 했다. 사진도 많이 찍고 춤을 추는 아들한테는 특별한 경험이 되었다. 또 군대라는 곳에 얽매이지 않고 자기 계발을 하는 등 모범적인 군대 생활로 칭찬도 받았다.

제대 후 공연을 다니느라 많이 바빴다. 코로나 때문에 공연이 없어 피시방 아르바이트를 할 때 용돈을 주면서 공부를 시켰더니 공인중개사 자격증을 단번에 땄다. 공인중개사 하나로는 밥 먹고 살기 힘드니 세무사 자격증까지 따보는 것이 어떻겠느냐는 말에 지금은 직장을 다니면서 가끔 춤으로 아르바이트도 하면서 세무사 자격증 시험 공부 중이다. 1차에 합격을 하면 직장을 그만두고 공부만 하겠다고 한다.

애들이 어렸을 때 학습지 하나를 시켜도 치맛바람 날린다고 시부모와 시누, 신랑까지 싸워 가면서 가르쳤다. 몇백짜리 몇십짜리 과외도 아니고 학습지인데, 그렇게 싸워 가며 하나라도 더 가르치려고 애를 쓴 덕택인지 이젠 둘 다 스스로 앞가림을 잘하고 있다.

우리 애들은 엄마가 고생하면서 키워 준 것을 안다. 난 너무 든든해 밥 안 먹어도 배부르다는 말이 이럴 때 쓰는 말인가 보다. 어려서부터 효자인 아빠를 보고 자란 아들들은 결혼하면 무조건 배우자 편을 들 것이니, 엄마는 서운해도 참으란다. 배우자는 자기만 보고 온 것이라 보호해 줘야 한단다. 효자인 아빠를 보면서 아들들은 반대로 생각을 하면서 자랐나 보다. 그래도 아들들도 남자라서 나중에는 엄마보다는 아빠를 이해하게 될 것이란다.

난 애들한테 말했다. 가난은 한 세대에서 벗어나기 힘들다. 엄마는 최선을 다해서 가난을 벗어날 수 있는 발판은 해 줬으니, 이제부터는 잘 살고 못 사는 것은 너희 몫이며 엄마 아빠 노후는 최대한 너희한테 짐이 안 되게 할 터이니 잘 살라고 했다. 앞으로의 내 목표는 큰아들이 무사히 군 생활을 마치고 외무고시에 합격해서 해외로 나가서 자유스럽게 살았으면 좋겠다. 할머니 할아버지 때문에 내 아들이 편히 못 살 것 같아서이다.

내 직업의 발전과 건물주

작은아들이 당당하게 세무사 자격증을 취득하여 나와 함께 중개사와 세무사 사무실과 경리 아웃소싱을 접목하여 남들과 차별화된 사무실을 운영하는 것이 목표이다. 일과 운영은 내가 하고 아들은 원하는 춤을 맘껏 출 수 있기를 바란다. 나이 더 먹으면 기장은 할 수 없으니 상담자 역할을 할 것이다. 일을 좋아하는 난 건강이 허락하는 한 계속하고 싶다. 내가 좋아하는 여행을 하기 위해서는 건강해야 하지만 돈도 필요하다. 여행지에서 새로운 음식을 먹어보고, 현장에서 느끼는 가슴 벅찬 자유도 즐기고 싶다. 또 기회가 된다면 노래 교실도 다녀서 음치와 박치도 고치고 싶다. 노트북도 샀다. 국내 여행을 하든 외국 여행을 하든 급한 업무는 볼 수 있게 하기 위해서이다.

작은 건물을 하나 사서 작은아들 춤 연습실과 내 사무실을 갖고 싶다. 청소와 건물관리는 그 분야 전문인 나의 반쪽이 해 줄 것이다. 노후에도 수입원이 생기면 두루두루 다 같이 좋은 일이다. 중개업 또한 전망이 없는 것이 아니다. 외국처럼 지금과는 다르게 좀 더 전문화가 될 것이기에 세무사 자격증까지 겸비해 놓으면 더욱 시너지 효과가 클 것이라 생각한다. 내가 이렇게 기반을 잡아 놓으면 작은아들은 본인 자격증으로 나이 먹어서까지 먹고 살 걱정은 안 해도 되고, 본인이 좋아하는 춤과 음악으로도 활동할 수 있을 것이다.

나를 행복하게 하는 삶을 살자

나의 또 다른 이름들 아내, 며느리, 엄마, 꼭 버려야 하는 것들이 아니라면 현명하게 잘 지켜내는 것 또한 나로 사는 것 아닐까? 누구한테 바라지 말고 스스로에게 휴가도 주고 작은 것이라도 선물을 주고 잘했다고 쓰다듬고 보듬어 주자. 내가 건강하게 잘 살아야 모두가 행복해지는 것이다.

나도 이제 시작이라 어떤 것이 날 위하는 것인지 잘 모른다. 기본적으로 남의 눈치도 많이 보고 특히 신랑이나 시부모님 말 한마디 한마디에 울고 웃고 화내고 했다. 나의 반쪽은 부모한테 잘했어도 인정받지 못했다. 지금은 인정해 주지 않는 부모를 대신해서 내가 더 많이 칭찬해 주고 애쓰고 잘 살았다고 토닥여 주고 더 챙겨주고 하니 내 마음이 더 좋기도 하고 이 사람 또한 생각이 많이 달라짐을 느끼고 있다.

나도 가진 것은 많지 않지만 베풀어보니 내가 더 행복해지는 것 같다. 대가 없이 줘보자. 많이 가져서 줄 수 있는 것은 아니다. 주다 보니 줄 수 있는 마음이 더 커지는 것 같다. 또한 누가 챙겨주길 바라면 서운함도 커지는 것 같다. 내 스스로 선물을 줘보자. 난 나의 주인이다.

스스로에 선물을 주는 것은 의외로 행복하고 좋다. 자유를 느낄 수 있다. 사회생활이 아닌 주부라는 빛나는 직업 또한 아무나 할 수 있는 것 아니다. 이제까지 잘 살아온 나에게 당당해져 보자. 다른 사람 말에 울고 웃고 인정받으려 하지 말고 사랑받으려고 애쓰지 말자. 그렇게 살기엔 내가 너무 아깝다. 내 인생의 주인공은 나다. 스스로 당당해져 보자.

- 종합보험법인 지사 대표
- 풍선아트 1급, 실버레크레이션 1급, 치매예방지도사 1급
- 보험영업클리닉 단톡방 운영 520명 회원
- 자동차보험, 화재보험 전문 강사
- 내 마음 치료하기 연구소 자문회원

이메일 hyoun222@nate.com
블로그 https://m.blog.naver.com/sas3036
인스타 https://www.instagram.com/lsa7282
연락처 010-5516-7282

이순아

07
잘 산다는 것, 잘 살아간다는 것

1965년 3월 3일생, 남편이 맏아들이라 결혼하면서부터 함께 사는 42년생 시어머니, 건축 학과를 졸업하고 건축 관련 일을 하는 한 살 아래의 남편, 하나님을 사랑해서 스스로 선택한 목사의 길을 가기 위해 신학대학원을 다니는 아들과 대구 동구 용계동에서 살고 있다.

1999년도부터 시작한 보험설계사 일을 24년째 하는 보험쟁이로, 지금은 종합 법인대리점 지사 대표로 일하고 있다. 2년만 더 있으면 60대가 되지만 여전히 내 속에는 10대의 나, 20대의 나, 30대의 내가 함께 살아서 배우고 싶은 것도, 알아야 할 것도 너무 많은 이 급변하는 시대를 따라가 보려 애쓰면서 하루가 짧은 행복한 삶을 살아가고 있다.

잘 산다는 것,
잘 살아간다는 것

나를 소개한다는 건 상처를 치유하는 일이다

 내가 힘들어하는 일 중에 하나 꼽으라면 두 번 생각할 것도 없이 자기소개 하는 것이다. 이유는 별로 소개할 만한 것이 없다는 것과 내 어디서부터 아니, 어떤 나를 소개 해야 할지 몰라서 내 마음은 두근거리고 머릿속이 복잡해지기 시작한다.
 어린 시절은 기억하고 싶지도 않고 말하고 싶지도 않아 내 나이 50이 될 때까지 꼭꼭 덮어두고 지내왔다. 하지만 2020년 마음을 나누던 친구가 심장마비로 세상을 떠나고 내 생각은 완전히 바뀌었다. 상처가 있든 없든 세상에 살아있는 것이 감사임을 알게 되었고 지금은 아무렇지 않게 나 자신을 스스로에게도 다른 이에게도 숨김없이 편하게 보여 줄 수 있게 되었다.
 내 어린 날의 기억은 제주도 한림읍 어느 바닷가 마을에서 외할머니와의 추억으로 시작된다. 화산석으로 뒤덮인 바다, 옥수수, 고구마, 목화송이, 무화과나무가 있던 교회, 파란 눈의 선교사님 그런 것들이 색 바랜 필름처럼 스쳐 지나간다.

  지금은 제주도라고 하면 누구나 가고 싶어 하고 아름답고 살기 좋은 곳이라 생각하지만 그때 제주도는 그냥 시골 마을, 다 어렵게 사는 곳이었다. 초등학교를 입학할 나이가 되던 해 나와 외할머니는 제주도 사람들이 말하는 육지인 엄마가 사는 포항과 구룡포 사이에 어느 바다 마을로 3등실 여객선을 타고 가게 되었다.

  어머니는 해녀였다. 엄마는 정상적인 결혼을 한 적이 없고 아버지는 누구인지도 나는 알지 못한다. 나와 할머니가 간 그 집에 엄마는 한 남자와 함께 살고 있었는데 내 기억 속에 그 사람은 재능이 많고, 똑똑했다. 사람들이 말하길 법대를 다니다 말았다고도 하고 이북이 고향이라고 수군거리기도 했다. 평소에는 글도 잘 쓰고 노래도 잘하고 친절했지만 매일 술을 마셨고 술에 만취하면 눈빛이 섬뜩하게 변해 누구도 대항할 수 없고 잠을 잘 수도 숨을 쉬는 것조차 힘든 시간 공포 그 자체였다.

  엄마는 늘 무표정에 얼굴과 몸에는 멍이 들어 있었고 하루도 쉬지 않고 바닷속 해녀 일을 하거나 집에 있을 때는 늘 파스 냄새와 진통제를 드시고 누워 있었다는 게 엄마에 대한 나의 기억이다. 내가 4학년이 되었을 때 엄마는 유방암 말기로 아무런 치료도 받지 못하고 고

통 속에서 6개월 정도를 사시다가 세상을 떠났으며 그 남자도 떠나갔다. 어린 날의 기억 속에 암이라는 병은 고통으로 가득하며 먹지도 못하고 그렇게 당사자와 가족을 무기력과 피폐함으로 몰아가는 병으로 각인되었다.

엄마가 안 계시는 나와 외할머니는 그 마을에서는 타지에서 온 보호자 없는 불쌍한 여자아이와 딸 먼저 저세상 보낸 복 없는 노인네로 취급되었다. 간혹 쌀이나 반찬거리를 들여주고, 교회와 학교에서 불우 이웃 돕기에 1순위 대상이 되었는데 그 일들은 어린 내 가슴에 부끄러움으로 자존감을 갉아먹었다.

외할머니는 멘토이자 나의 자존감을 세워준 내 인생의 유일한 응원자, 사랑의 공급처였다. 외할머니는 그 당시 보기 드문 신여성이었다. 외할아버지를 따라서 러시아와 일본에 사신 적이 있으셨고, 여자도 배워야 하고 자신을 지킬 줄 알아야 하며 자존감을 가져야 한다고 입버릇처럼 알려주셨다. 성경과 책을 많이 읽으셨던 할머니는 이솝우화, 아라비안나이트, 솔로몬과 다윗 왕 이야기를 정말 맛깔나게 해주셨는데 나는 그 이야기를 들으면서 소설가와 문학 선생님이 되겠다고 꿈을 꾸었다.

하지만 외할머니마저 돌아가시고 세상에 홀로 남겨진 뒤 나는 동네 언니들을 따라 섬유공장으로 일하러 가게 되었다. 거기서 다니던 교회에서 얼떨결에 입양이 결정되었고 나는 스스로 선택하지도 거부하지도 못한 채 새 가족의 구성원이 되어 버렸다. 가족 구성원 동의 없이 가장의 단독 결정으로 이루어진 관계는 서로에게 의도치 않은 많은 상처를 주었고, 내 10대의 자존감은 바닥을 기었다. 그 일들은 두고두고 내 삶 속에서 나를 아프게 했다. 아무런 꿈도 소망도 기대도 없이 그럭저럭 살다가 그럭저럭 결혼을 위한 결혼을 하게 되었다.

꿈은 언제든 바뀔 수 있지

어린 시절, 별다른 롤 모델을 접할 기회가 없어서인지 직업이나 하고 싶은 일은 대부분 주변 사람들을 보거나 감명 깊었던 위인전 같은 책들을 통해서 꿈꾸던 때였다. 내 꿈도 그 범주를 벗어나지 못했다. '퀴리 부인'을 감명 깊게 읽었을 때는 과학자를 꿈꾸었고, '나이팅게일'을 읽었을 때는 간호사가 되고 싶었으며, '윤동주'의 시를 읽을 때면 너무 좋아서 매일 노트에 시를 끄적이며 글로 사람에게 감동을 주는 시인이 되고 싶어 국어 선생님을 꿈꾸며 장르를 불문하고 열심히 책을 읽었다.

그러나 삶이라는 시계는 쉽지 않았다. 그리 크지 않은 내 꿈을 이루기에는 인생 속에서 내가 결정할 수 있는 게 별로 없었고, 커가면서 그 꿈들은 아주 자연스럽게 나에게서 사라져 버렸다. 누구나 행복한 미래를 꿈꾸며 결혼을 할 것이다. 나도 그랬다. 결혼이 내 인생을 바꾸어 주리라 생각했다. 나도 한 번쯤 행복을 꿈꾸어도 되지 않을까 생각했지만 나에게 결혼은 또 하나를 포기하는 통로였다.

　사랑보다는 결혼이 필요했고, 늘 외롭던 나는 형제가 많고 단지 선한 사람이라는 이유 하나로 선택한 남편은 타인에게는 너무도 착하고 좋은 사람이지만, 가족에게는 배려가 무엇인지 모르는, 아니 사랑하는 방법을 몰라 나만 편하면 되는 너무나도 개인주의적인 사람이었다.(물론 지금은 많은 일을 겪으며 변해 다른 사람이 되었다)
　조금 아프시다던 시아버지는 뇌졸중으로 집에서 대소변을 받아내는 상황이었고 당시 52세의 젊은 시어머니는 내 자식이 최고인 고집 세고 드세 소통할 수 없는 타인이었다. 더불어 지금은 몸도 마음도 너무도 건강한 아들은 소아천식으로 사흘이 멀다 입원 치료를 해야 했다. 누구 한 사람 나를 도와주지도 보아주지도 않아, 사방이 막혀 숨을 쉴 수가 없어 나에게 출구는 어디에도 없었다.

　IMF가 닥치면서 운영하던 편의점은 주변에 대형 편의점들이 들어오면서 매출이 떨어지고 빚도 점차 늘어나 집안 경제는 점점 힘들어지게 되면서 가게도 정리할 수밖에 없었다. 연기처럼 사라지고 싶다는 생각이 들었고 불면증으로 밤새 아이를 업고 동네를 돌아다녔다.

우울증이었다. 이혼과 죽음을 꿈꾸기 시작했다. 아주 간절하게….

별이 너무 예쁘던 여름밤 문득 생각했다. 잠자는 아이를 보면서 나는 엄마니까 이 아이가 중학교 갈 때까지만 열심히 살다가 내 꿈(이혼이든 죽음이든)을 실행해야지 하는 생각이 들었다. 그때까지 아이에게 빚 정리도 해주고 대학까지 공부할 학비도 남겨주고 가려면 일해서 돈을 벌어야겠다는 생각으로 구직 신문을 정독하기 시작했다.

꿈을 적으라면 아마도 보험설계사를 하겠다고 적을 사람이 몇이나 있을까? 지금도 쉽지 않은 일이라는 인식이 있지만 그 당시는 더욱 그런 직업 중 하나였다. 하지만 학력도 그저 그렇고 기술도 없고 자격증 하나 없는 내가 할 수 있는 일은 판매, 생산직, 가사도우미, 식당 서빙, 영업 그런 일 중 하나를 선택해야만 하는 것이었다.

그러다 눈에 들어온 광고 문구 한 줄이 나를 보험설계사의 길로 이끌었다. '한 달에 자동차보험 10대만 가입시키면 월 100만 원 이상 보장!' 당시 우리집도 차가 2대였고 주변에 차를 구매하는 사람들이 많아져서 보험에 대해 잘 몰랐지만 자동차보험은 무조건 가입하는 것이니 왠지 이 일은 할 수 있을 것 같은 용기가 생겼다. 1999년 당시 여성이 시간을 자유롭게 활용하며 월 백만 원을 벌 수 있는 일이 흔치 않다는 이유로 나는 보험설계사로 내 꿈을 이루기를 결정했다.

작은 시간이 모여 큰 시간이 되다

　보험 영업을 하려면 먼저 보험협회에서 설계사 자격시험을 쳐서 합격해야 하며 이후 회사의 고유 사번을 부여받아야 보험 모집을 할 수 있게 된다. 단순히 돈을 버는 수단으로 이 일을 시작했던 나는 한 달간의 시험공부와 석 달간의 신입 교육을 받으면서 보험이 상당히 책임이 필요하며 가치 있는 일이라는 걸 어렴풋이 알게 되었다. 나의 모든 것을 집중해 제대로 할 것인지를 결정해야 했고, 선택의 여지가 없던 나는 도전해 보기로 스스로 결심한 뒤 회사의 모든 프로그램을 철저히 따르고 지키고 해내려고 노력했다. 당시 출근이 9시였는데 내 출근 시간은 7시였고 전산 프로그램을 익히고 보험 상품을 스스로가 이해될 때까지 연구 습득해 보험약관을 여러 번 정독했다.

　학연 지연등의 인맥이 전혀 없던 나는 가게를 하면서 조금씩 알고 지냈던 많지 않던 지인을 대상으로 영업을 시작할 수밖에 없었고, 그분들을 대부분 장사를 하시는 분들이셨다. 나는 식당은 바쁜 시간에 가서 서빙이나 테이블 정리 주문 등을 도와 드렸고 의류 판매점은 재고정리를 도와 드렸으며 미용실은 대기 손님들에게 차를 대접하거나 바닥 청소 등을 도와드렸다. 참 오해는 마시라! 잘못 이해하면 보험

영업은 그런 궂은 일을 해야 하나 하실 수도 있지만, 이것은 내가 선택한 고객들의 마음을 얻기 위한 노력과 영업전략의 하나라고 말할 수 있다.

그 마음이 통했는지 그분들이 나에게 보험 가입을 의뢰해 주셨고 소개도 해주셔서 입사 9개월에는 지점에서 최우수 신인상을 받게 되어 난생 처음 중국 여행도 가보게 되었다. 입사 5개월에는 신입 사원들을 도와주는 중요한 역할인 교육 매니저로 발탁되었다. 내가 다른 사람을 가르치고 도와주다니! 그때의 가슴 벅참은 지금도 심장이 뛰게 한다. 보험의 기초를 알려주고 고객 관리, 고객 응대 등 실전에 필요한 코칭을 하고 개인적인 고민들로 함께 해야 했기에 집중 또 집중하게 되었고 지역 집합교육 순회 강사로 불려 다니게 되었다.

나는 이 일이 내 적성에 맞는 일이라는 걸 알게 되었고 이 일을 좋아하게 되었다. 고객과 만나는 시간이 신나고 설레고 행복했고 일을 위해 배우고 나를 채워가는 시간이 내가 살아 있음을 느끼게 해주었다. 날마다 나를 힘들게 하던 불면증과 우울증에서 나도 모르는 사이에 벗어나고 있었다. 이혼과 죽음을 꿈꾸던 내게 살아야 하는 이유들이 생겨나고 있었다. 꿈이 바뀌는 일이 생겨났다.

보험설계사는 멀티 아티스트가 되어야 한다. 고객의 마음을 얻어야 하고, 진정성 있게 신뢰도 쌓아야 하며 끊임없이 자기관리를 하고, 맛집, 여행지, 병원, 종교, 자녀 교육, 사업 모니터링, 세무, 재산 증식, 부동산, 정부 정책, 뜨는 드라마, 뭐든 관심을 가지고 알아야 한다. 나는 노력했고 지금도 노력 중이며 배우고 도전하는 것을 마다하지 않았다.

나는 꿈꾸기 시작했다. 보험 영업으로 대리점을 경영하는 관리자가 되고 싶었다. 시간이 흘러 1인 1사 전속 시대가 지나고 모든 보험사를 취급할 수 있는 시대가 다가왔다. 그리고 종합보험대리점을 경영할 기회가 주어졌고 난 그 기회를 과감히 선택하고 실행했다.

일은 곧 '나' 이다

보험 경력 24년, 대리점 경력 12년 차. 이 모든 시간을 압축해서 말하라면 간절히 바라고 포기하지 않으면 이루어지는 시간이었다고 감히 말하고 싶다. 세상에 공짜는 없고 모든 상황이 나를 도와주지는 않으며 모든 사람이 나를 좋아할 수는 없지만 분명한 것은 보험설계사라는 이 일은 나를 끊임 없이 다듬어야 하고 지식을 채워야 하며 인격적으로도 날마다 성장해야 한다. 사람들이 사랑과 책임을 지킬 수 있게 도와주는 보람 있는 일이며 고객들과 인생을 함께 하는 멋진 일이다.

살면서 만나고 싶지 않은 암, 뇌질환, 심장질환과 교통사고, 크고 작은 수술들, 연금으로 노후 준비를 돕고 화재보험으로 재산을 지켜드리고 타인에게 실수한 피해의 합의금도 마련해 드리고 고령화 시대의 치매와 간병, 사망보험금으로 남겨진 가족들의 자립을 도와 함께 아파하고 함께 고민하고 함께 웃고 울어드리는 일이다.

내가 이혼과 죽음을 꿈꾸며 시작했던 시절에 소중한 고객들이 이제 나와 함께 나이를 먹어가고 자녀를 결혼시키고 군에 보내고 손자 손녀를 보고 주택을 구입하고 그 고객의 자녀가 취업하고 자동차를 구입하고…. 이 모든 일을 나누고 함께 한다. 하지만 마음 아픈 건 나의 고객들도 이제는 나이를 먹고 암에 걸리고 뇌졸중 진단을 받고 심장 마비로 천국을 가신 분들도 계시고, 이런저런 수술을 하시는 분들이 점점 많아지고 있다는 것이다. 그중에서 암 진단을 받는 등 사연이 너무 많지만, 나의 첫 암 진단 고객님 이야기를 나누고자 한다.

삼십대에 만난 고객님은 남편은 초등학교 교사, 본인은 어린이집 교사이며 예쁜 딸 두 명을 두었다. 지인의 소개로 온 가족 컨설팅하면서 나의 고객이 되셨고, 모든 게 완벽해 보이는 가족이셨다.

그러던 어느 날 내게 건네준 제법 두꺼운 보험금청구 서류를 받는 순간, 나는 말문이 막힌 채 한참을 그냥 있었다. 내 어머니를 돌아가시게 한 유방암. 엄마의 그 힘들어하던 모습이 생각나 내 보험 인생에 첫 암 환자를 어떻게 대해야 할지 몰라 울음이 터져 버렸다. 오히려 고객이 본인도 42세라는 이른 나이에 암 환자가 될 줄은 몰랐다며 그래도 보험이 있어서 덜 걱정이 된다며 고맙다고 도리어 나를 울지 말라고 위로 아닌 위로를 했다. 나도 모르게 불쑥 튀어나온 말은 "다 나을 때까지 매일 기도할게요."였다. 나는 그 약속을 지켰고 그분도 수술 후 치료에 집중하셔서 그로부터 만 5년이 지난 후 암 완치자들이 가입 가능한 암보험을 재가입해서 남편과도 다시 연애하는 기분으로 산다고 행복해하셨다. 최근에는 다시 어린이집 교사로 출근하고 계시다.

나는 이 고객을 계기로 암 환자나 심각한 수술을 하신 고객들을 위해서 내가 믿는 하나님께 기도해 드린다. 그분의 종교가 무엇이든지 내가 해드릴 수 있는 것 중에 가장 진심으로 드리는 내 사랑이기에. 보험설계사! 이 일 덕분에 작은 시간이 모이고 쌓여서 큰 시간을 이루어가고 있다. 나는 이 일이 참 좋다.

잘 살아가는 사람이고 싶다

경영은 크든 작든 내 생각과 관점이 바뀌어야 하는 또 다른 관문이다. 고객과는 1대 1의 관계를 잘 지켜가면 되지만, 경영은 다수와의 관계이며 손익 계산과 수입 구조를 잘 파악해야 하는 등 여러 가지 신경 써야 할 것들이 많다. 시행착오도 수없이 있었고 그런 것들 때문에 많은 스트레스를 받았지만 내가 선택한 이 일을 잘 견뎌냈고 그 실행으로 지금의 나는 내. 외면적으로 많은 성장을 했다고 스스로 칭찬하고 싶다.

최근에 사무실 식구들을 정리하기도 했고 스스로 그만둔 식구들도 있었다. 의도적인 부분도 있고 코로나 때문에 자연스럽게 된 부분도 있다. 여성 대표로 사무실을 늘려가며 성공했다고 소문도 나 시기 질투 부러움도 사보았다. 계속 경영을 더 키워갈 수도 있지만 이쯤에서 다시 나를 이만큼 성장하게 도와주신 고객들과 깊게 소통하려고 사무실에 일하기를 기뻐하는 사람들만 남기고 경영 다이어트를 실행했다.

경영에 집중하니 나의 고객분들께 깊이 있게 도와드리지 못하는 부분들이 있어서 죄송할 때가 많았다. 많은 고민 끝에 결정한 일이다. 나를 이만큼 성장시켜 주신 고객분들과 다시 가까이에서 힘든 일도 기쁜 일도 함께 나누기로 마음먹고 소통하다 보니 새로운 에너지가 생겨난다. 고객으로 만나서 친구가 되고 고민도 나누고 가족사를 나누고 그렇게 삶을 함께하는 것, 이것이 곧 일이고 인생이 되어 가는 중이다.

코로나가 오면서 세상은 많은 것이 바뀌었고 세계도 바뀌고 있다. 많은 대형 자연재해와 사건 사고들이 터지면서 살아간다는 것이 애쓴다고 안달한다고 내 계획대로 내 뜻대로 흘러가지 않는다는 것을 느끼게 해주었다. 코로나로 보이지 않는 바이러스에 온 세계가 손 놓고 있는 것을 보고 세상이 아무리 발전해도 신의 영역 앞에서는 인간이 할 수 있는 게 없다는 것을 느끼게 되었고 오늘 이 순간이 감사임을 느끼는 나로 변하는 중이다.

잘 산다는 것, 잘 산다고 하면 대부분 경제적 풍요를 생각하게 된다. 물론 그것을 싫어하거나 거부할 사람은 그리 많지 않을 것이다. 그래서 우리는 그것을 가지려고 많은 부분의 나를 포기하기도 한다. 잘 살고 싶기에. 하지만 잘 살아간다는 것, 이것은 각자의 기준이 모두 다를 것이라생각한다. 내 나이 이제 60대를 바라본다. 돌아보면 어제처럼 아파서 힘들었던 많은 시간이 떠오르는데 이제는 전능자가 부르시면 언제든 갈 수밖에 없다는 것을 알기에 가야 할 준비를 해야 하는 필요를 느낀다. 그곳에 갈 때는 무엇을 가지고 갈 수 있을까?

미래, 아니 지금부터 나누는 삶을 꿈꾸고 그렇게 살아가려고 한다. 열을 가졌다면 다섯, 하나를 가지게 된다면 반이라도 나누면 되겠지. 지금은 10군데 정도 매월 후원을 하고 있다. 할 수 있다면 매년 더 늘려가고 싶다. 나의 작은 이 행함이 세상을 바꿀 수는 없어도, 감사와 사랑을 흘려보낼 수 있을 거라 소망하며 그냥 그러려고 한다. 요즘은 보험 일을 오래 한 경험과 노하우를 필요한 사람들에게 알려주면서 약간의 수익들을 창출하고 있다. 얼마 전에는 500만 원 정도의 수입이 생겼다. 무엇을 할까 잠시 고민하다가 전액 기부를 결심했다.

투자한 것도 없이 약간의 시간과 내 경험을 나눈 것이니 내가 가질 것이 아니라는 생각이 들었다. 보호 종료 아동 후원 기관과 컴패션에 절반씩 바로 보내버렸다. 내 마음이 변할까 봐 얼른 빨리 그렇게 했다. 너무 행복감을 느끼는 순간이었다. 나눔은 그런 것인가 보다. 내 미래는 이런 시간으로 채우고 싶다. 나를 사랑하고 나누고 공감하고 머리로 이해하는 것이 아니라 마음으로 경험과 아파본 사람으로 위로하는 자로 살아가고 싶다. 나는 내가 나이를 먹는 것 살아간다는 것에 너무 기대된다. 할 수 있으면 할 수 있어 기쁘고 하지 못한다 해도 나쁠 게 없는 것 아닌가?

꿈은 이루어진다

세상은 너무 바쁘게 돌아간다. 그 속에서 우리 각자는 어디로 가야 할지, 어떻게 살아야 할지를 모르고 하루하루 살다가 어느 날 길을 잃고 주저앉을 수도 있을 것이다. 가족과도 마음을 나눌 수 없고, 모두 자신이 가장 힘들다고 소리 지르지만 들어주는 사람들은 많지 않은 시대이다.

다른 사람의 위로를 기다리지 말고 나를 위로해주고 나를 바라봐 주자. 나를 안아주고 나를 칭찬해 주자. 다른 사람이 아닌 내가 나를 가장 잘 알고 내가 나를 가장 사랑해 줄 수 있지 않을까? 나는 그냥 나로 충분하고 무엇이든 시작하게 도와줄 수 있는 존재이지만 혹시 혼자 할 수 있는 힘이 없다면 주변에 누구에게든 도와달라고 소리 내어 이야기해보자. 혼자 숨죽여 아파하지만 말고 그 누군가는 분명히 그 소리에 반응해 주리라 생각한다. 세상은 아직도 따뜻하니까. 타인을 위하여, 가족을 위하여, 자녀를 위하여 모든 것을 다 소진하지 말고. 내가 먼저 행복해지고, 내가 먼저 몸과 마음 건강해지는 그것이 나와 주변에 사랑하는 사람 모두가 잘살아가는 방법이라고 생각한다.

나는 오늘 골목 안 어느 카페에서 이 글을 쓰고 있다. 나는 내 꿈을 다 이루었다. 공저이긴 하지만 글을 써서 책을 만드니 글 쓰는 자가 되었고 일을 통해서 가르치는 자도 되었다. 간절히 원하면 꿈은 이루어진다. 순서와 방법이 좀 다를지라도. 좀 바뀔지라도 말이다.

적당한 햇살과 바람, 노란 은행잎, 커피 향기, 사람들의 웅성거림, 그 속에서 나는 감사하고 행복하다. 이 감사와 행복이 이 글을 읽는 당신에게 스며들어 가기를 소망하며···.

- 그림책 오색발전소 대표
- 한국 미래 평생 교육원 대표
- 한국 작가협회 경기 북부 포천지부장
- 배우고 나누는 기쁨 '배나기' 공동체 회장
- 윤슬 그림책 출판사 대표
- 이루리 그림책 학교 활동가
- 그림책 심리 성장학교 경기1지부 지부장
- 그림책 오색발전소 오색연구회 대표
- 교육경력 25년

이메일 mi2241@naver.com
블로그 https://blog.naver.com/mi2241
연락처 010 3048 4897

이은미

08
엄마보다 내 이름으로 살아가기

- 가장 소중하고 귀한 손님과 내 삶의 의미 -

혼돈의 세상에서 어느 날 찾아온 희망이라는 친구를
그림책과 함께 만났다.
지친 일상에 힘이 되고, 용기가 되어준 그림책.
울타리 밖 세상에서 힘들어하는 모든 사람에게
그림책이라는 친구를 소개해 주고 함께 공감하고
소통하며 나누는 나는 마음 여행 메신저이다.
그리고 새로운 세상의 주인공인 사람들과
신나는 그림책 여행을 함께 하며 빛나는 보석이 되었다.

엄마보다 내 이름으로 살아가기

세상에서 가장 빛나는 존재

어느 날 눈을 떴을 때 세상이라는 곳에 홀로 남겨진 듯한 마음이 커다란 어둠의 그림자로 찾아왔다. 혼자라는 단어가 익숙하고 습관처럼 스스로 해결하며 자랐던 어린 소녀에서 어쩌다 어른이 된 미성숙한 여자로 성장 중인 사람이다. 평범함 속에 평범하지 않은 인생은 남을 배려 하고 다름을 인정하는 방법을 알게 해주었다. 자기만의 프레임 속에서 독단적인 생각으로 세상을 버티어온 마음은 그나마 자존감을 지키는 방법 중 하나로 자기 합리화를 하며 살아왔다.

덕분에 엄마 없다는 꼬리표 대신 성격 좋은 아이로 책임감과 인내심 많은 착한 아이로 내 안의 있는 또 다른 나를 외면한 채 가면을 쓰고 잘 살아왔다. 그 가면은 나를 웃게 해주고 나에게 힘을 주고 나를 엄마로 살게 해주었다. 꿈 많은 어린 시절이 아닌 놀기 좋아하는 천방지축 유아독존 싱글벙글 천사 같은 아이가 바로 나였다. 아빠 말을 잘 듣고 친구들을 좋아하고 선생님들께는 조용한 학생으로 평범하게 지냈다. 공부가 인생의 전부라는 생각보다 돈을 벌어 독립하고 자유롭게 살고 싶었던 순수한 소녀였다. 결혼이 모든 것을 바꾸어 놓기 전까지는 말이다.

모든 사람의 인생은 몇 번의 터닝 포인트를 경험하고 삶의 순간이 바뀌는 다양한 일들을 겪으며 살아간다. 나도 예외는 아니었다. 그 순간을 아파하고 죽을 듯이 힘들어하면서도 시간의 흐름 속에 내 삶을 맡겨 놓은 듯 눈물바다에서 헤엄쳐 나오는 순간이 있다는 걸 나이가 들어가면서 느끼게 되었다. 그 속에서 나를 찾기란 너무 힘든 일이었다. 미로 속을 헤메다 길을 찾아 나가면 또 다른 갈림길이 나오고 잠시 길을 잘못 들어 넘어지고 깨져도 끝없는 오솔길을 오르고 있는 내가 신통하기까지 하다. 어린 시절에도 없던 꿈을 이루는 순간을 헤매던 그 길에서 찾았다.

지금은 두 아이의 엄마가 되었고 그림책발전소의 대표로 살아가고 있다. 엄마의 인생과 작가, 강사, 그림책 선생님으로 삶은 나와 내 인생을 빛나는 존재로 이끌어주었다.

사람의 마음을 안아주는 그림책 강사

엄마라는 아름다운 이름을 갖는 것. 첫 번째 나의 꿈이었다. 현모양처가 되어 아이들을 아기자기하게 잘 키우는 것 말이다. 엄마의 사랑을 몰랐고, 엄마의 그늘이 없었던 그 엄마의 자리를 잘 만들고 싶었던 소녀는 이름도 자신도 잃어버리고 엄마라는 이름으로 당당하게 세상과 줄다리기를 하고 있었다. 하지만 아이들을 위해 한 가정의 행복을 위해 다소곳한 현모양처를 버리고 세상이라는 전쟁에서 살아남아야 하는 장군처럼 강하고 단단한 엄마가 어느새 되어있었다.

엄마는 지켜야 할 것이 너무 많았다. 아이도 남편도 일도 가정도 그리고 나 자신도 지켜야 했다. 모든 것을 지켜내기 위해 감수해야 할 것도 감당해야 할 것도 많다는 걸 직장인으로 엄마로 아내로 딸로 한 여자로 살아가면서 알게 되었다. 그렇게 인생을 배우고 삶의 내공이 쌓여 가면서 뒤늦은 꿈을 꾸게 되었다. 하고 싶은 일, 좋아하는 일을 찾고 그 일을 통해 잊고 살았던, 수도 없이 외면 했던 내면의 나를 만나고 이제야 성숙 된 어른이 되어가는 연습을 하며 다시 자라고 있다. 내면의 성숙 된 나로 바로 서고 그 경험을 바탕으로 사람의 마음을 안아주고 있는 행복 가이드로 나누고 동행하는 삶을 살고 있다.

그렇게 작지만 큰 꿈이 생겼다. 처음 평생학습 센터를 차리겠다는 큰 꿈은 죽도록 싫어하는 공부를 하게 하고, 펼쳐진 책을 보면 고개를 숙이며 감던 눈으로 책을 읽게 했다. 그리고 강사의 세계로 나를 인도했다. 얼마 전 작은 화분 두 개를 받았다. 몇 해 전 사무실을 오픈하고 들어온 화분들이 마음의 부담이 되었다. 받을 때는 기분이 좋았는데 그 많은 생명을 내가 과연 잘 키워 낼 수 있을까 하는 걱정이 먼저 앞섰다. 이상하게 화분이 내 손에 들어오면 정성을 들여도 시들어 없어졌다.

화원을 하던 친구의 조언을 받아도 길어야 몇 달이었다. 물을 주는 시기, 이름을 지어주고, 이야기를 들려주라는 조언 등이었다. 적당한 햇빛과 물, 영양을 주어야 하는 것이 내게 온 아이들에게 하듯이 정성을 들여야 한다는 것을 깊이 인지하지 못했던 것 같다. 꽃을 좋아하고 화초를 좋아하고 정원을 좋아하지만, 화분과 화초를 잘 키워내고 예쁘게 꾸며 놓은 집들을 보면 부러움에 나의 눈빛만 빛날 뿐이었다. 그런 내게 와준 두 개의 화초는 물만 주어도 잘 자라 이제는 예쁘게 내 앞에서 마음을 편안하게 해준다. 이런 편안함을 주는 삶 속에 어느 날 두 아이가 나의 품에 안겼다.
힘든 내 삶의 첫 번째 꿈은 사랑스러운 아이를 잘 키우는 것이었다. 엄마의 사랑을 모르고 자란 나로서는 그 빈 마음을 아이들로 채우려 노력하며 살았다. 사랑과 관심을 주며 정성을 다했지만 아픈 동생 때문에 사랑을 **빼앗겼다**고 느끼며 스스로 외로운 길을 선택했던 큰아이. 죽음의 경지를 수없이 오가며 남들과 다른 삶을 살아야 했던 작은아이. 엄마가 처음이라 내 방식대로 사랑을 전했던 서툴기만 했던 어른이 아이 엄마. 우리는 이렇게 각자의 아픔으로 세상과 연결되어 살아가고 있었다. 그렇게 아이들의 엄마로 사는 동안 첫 번째 꿈은 지친 마음과 병으로 물든 나를 지켜내고 있었다.

남들과 똑같이 일하고 단체 활동을 하며 시간이라는 금을 빛나게 만들고 있었지만, 그 빛 속의 주인공인 내가 없다고 생각하며 혼돈의 시간을 보내고 있었다. 그러다 평생교육 센터를 만들어 보고 싶다는 아주 막연한 꿈이 생겼고, 그 꿈을 위해 수많은 공부를 하며 그림책 작가님들을 만나고 관련 업종들을 조사하기 시작했다. 간절하면 길이 보이고 절실함은 꿈을 이루는 목표와 방법들을 알게 해주었다. 내가 원하고 바라던 그 간절한 두 번째 꿈, 그림책 만들기 작가양성과 작가로 강사로 나만의 콘텐츠를 만드는 것이 이루어졌다. 아이들의 꿈을 찾아 주려고 했던 아이들 바라기 엄마에서 당당하고 자랑스러운 꿈을 이룬 엄마로 멋지게 옛지있게 서로의 인생을 응원하는 꿈이 있는 엄마로 다시 태어났다.

엄마의 부재와 경제적인 책임으로 딸을 잘 키우고자 했던 부모로부터 독립적인 삶은 스스로 무엇인가를 해결하며 성장할 수 있는 지혜로움을 주었다. 결핍의 불우한 유년 시절의 자유로움은 관계의 소통으로 사회생활의 긍정적 마인드와 서로 도와 협업하는 방법을 알게 해주었다. 그리고 미성숙한 어른으로 부모가 되어 죽을 만큼 힘든 삶은 다름을 인정하고 서로의 이해와 알아차림으로 가족 사랑을 극복하는 탄력 회복성을 찾게 해주었다. 그 안에서 제2의 꿈과 인생 터닝 포인트로 나를 찾고 나를 안아주고 사람들의 마음을 안아주는 그림책 전문 강사의 꿈을 이루었다.

나에게 온 소중한 손님

바쁜 일상과 바쁜 시간 속에 무엇을 좋아하는지 무엇을 하고 싶은지 생각할 시간도 없이 잊고 살아갔다. 집에서는 결혼하고 아이를 키우면서 나의 존재 가치를 잊고 아이들의 존재 가치에 온 정성을 다했다. 엄마이고 딸이고 아내이니까. 우리는 살면서 나에게 오는 소중한 손님에게 정성을 다하고 좋은 것을 베풀고 좋은 말만 하고 맛있는 음식을 대접한다. 내가 대접받기 이전에 그 손님에게 최대한 잘하려고 열과 성의를 다하는 것이다. 우리 아이들이 바로 그런 소중한 존재이고, 이렇게 소중한 손님이라고 생각하면 언젠가 떠날 사이라는 것도 자연스럽게 받아들이고 순응하게 될 것이다.

늦은 나이에 찾아온 꿈으로 대입을 준비하는 수험생 아들에게 신경을 못 쓸까 걱정이 되었다. 또한 힘들게 방황의 길을 헤매는 딸아이에게 관심 없는 엄마로 보일까 망설여지는 순간이었다. 안에서는 가족이, 밖에서는 주변 사람들이 꿈꾸는 나의 길에 제동을 걸었다. 중심을 잡기 위해 자기개발서도 읽고, 담당 교수님께 자문을 구하며 가까운 지인과 깊이 있는 대화도 나누면서 조심스럽게 나를 위한 개발을 시작했다. 몇 해 전 읽었던 그림책 『아름다운 아이』의 주인공 어거스트를 만나면서 확고하게 나를 바꾸어 나갔다. 편견과 차별 그리고 괴롭힘을 용감하게 극복하여 자기의 삶을 인정받고 만들어 낸 작은 거인 어거스트의 당당한 자기 믿음과 소신은 작아지는 내 마음에 용기를 주고 멋진 삶으로 바꾸어 놓은 환경 속의 기쁨을 만들어 낼 수 있는 빛을 주었다. 결단과 용기가 필요할 때 무언의 응원으로 나를 바로 서게 하는 그림책은 친구이며 조언자이기도 했다.

학습지 교사를 오랫동안 했다. 몸은 힘들었지만, 아이들을 만날 때마다 즐거웠고 그들이 커가는 모습을 볼 때마다 뿌듯했다. 그러다 둘째 아이가 아파서 시간이 자유로운 다른 일을 찾아보았다. 그때 '세바시(세상을 바꾸는 시간 15분)'를 통해 알게 된 이루리 작가님을 만나 그림책의 매력을 알게 되었고, 그림책 강사가 되어야겠다고 결심했다. 포천에서 서울까지 강행군을 이어가며 그림책을 배워나갔다.

보면 볼수록 그림책의 무한한 가능성에 눈이 떠졌다. 그 후 학교나 지자체 등 아이들과 성인들 대상으로 그림책 만들기 수업을 나가기 시작했다.

시작이 반이라고 배움의 길은 끝이 없다. 우리 인생의 끝을 알 수 없듯이 지금 여기 이 순간을 만들어 내고 즐겨야 내 삶이 행복하다는 것을 조금씩 알아가는 순간, 나를 기다리고 나를 믿는 학습자들이 흔들리는 내 마음을 잡아 준다. 아낌없이 퍼주고 나누어 주고 배우고 성장하는 시간은 나에게 시들지 않는 나무의 커다란 기둥이 되어주었다. 배움으로 살아감을 느끼신다는 학습 마을의 어르신들과 다양한 기관이나 학교에서 만나는 초. 중. 고등학생들의 꿈과 진로를 함께 나누고 소통할 수 있는 시간이 나를 버티게 해주고 용기 내서 한 발 한발 나아갈 수 있게 해주었다. 내가 걸어온 힘든 삶의 경험을 통해 함께 나아가야 하는 사람들은 힘들지 않게 더 힘차게 전진할 수 있도록 힘이 되어주는 삶을 선택한 이유이다.

그림책을 통해 모두가 행복해지는 일

나의 말에 용기를 얻고 나의 강의에 힘을 내어 자신의 꿈을 찾아가는 사람들. 같은 일상 다른 환경이지만 반복된 패턴으로 행복이라고 착각하며 살았다. 내면의 자신을 찾아가는 시간으로 함께 성장하고 진정한 행복을 찾으셨다는 많은 선생님들과 대표님들의 알아차림으로 새로운 그림책 세상을 알게 된 남. 녀. 노. 소 모두와 공감하고 소통하며 나누고 배우는 시간이 더없이 뿌듯하고 의미있다. 그렇게 성장하며 그림책은 나만의 콘텐츠로 자리를 잡았다. 하고 싶은 일이 늘어가면서 욕심과 욕망은 새로운 콘텐츠를 만들어 내기 위해 쌓아온 경험을 하나하나 연결하기 시작했다.

대학을 졸업하지 못한 사업가가 대학 강연장에서 초청 강연으로 연설을 했다. 알 수 없는 미래에 대한 연결은 자신의 배짱, 운명, 인생, 업과 같은 '그 무엇'에 믿음을 가져야 한다고 말했다. '그 믿음은 자신을 실망시키지 않는다.'며 짧고 강렬한 메시지를 대학 강연장에서 스티브 잡스는 남겼다. 이 연설은 어느 순간 나의 심장을 뜨겁게 달구고 연결하는 무수한 많은 점의 시작을 알게 해주었다. 강사 동아리를 만들고 다양한 사업들을 함께 하면서 생각의 차이로 갈등도 많고 오해로 인해 마음의 비수가 꽂히기도 했다. 그때마다 스티브 잡스의 연설을 되새기며 마음을 다잡고 서로의 입장을 생각해 본다.

단단한 벽을 높여 밖과 안의 구분을 지어 보이지 않는 욕심을 채우는 게 아니라 보이지 않는 벽을 부드러운 울타리로 바꾸어가는 삶,

울타리 밖의 세상에서 함께 만들어 가는 우리들의 다양한 경험들이 하나의 콘텐츠로 빛을 낼 때 보석처럼 빛나게 될 것이다.

강의하면서 다양한 곳으로 나의 콘텐츠는 확장이 되었다. 포천에 그림책 콘텐츠를 하는 분들이 많지 않아 포천 시청을 비롯해 센터, 도서관 등의 강의를 고정적으로 나가게 되었다. 학습지 교사를 하면서 아이들의 마음을 잘 알았고 어르신들도 모두 나를 예뻐했기에 수업을 나가는 것이 재미있었고 모두가 좋았다.

그러다 코로나가 생기면서 온라인 세상을 접했다. 처음에는 적응하기가 어려웠지만, 함께 하는 좋은 분들을 만나 배우고 성장했다. '오색발전소' 라는 단톡방을 만들었고 줌으로 할 수 있는 다양한 프로그램들을 기획했다. 그림책을 하면서 알게 된 분들을 부방장과 파트너로 함께 하면서 '함께의 가치' 를 만들었고, 다양한 콘텐츠를 만들었다.

오색발전소의 다섯 가지 그림책 콘텐츠, 즉 그림책 만들기(출판), 그림책 에세이 공저, 그림책 심리, 그림책 공저, 그림책 프로그램(필사, 윤독, 발문 토론, 그림책 톡톡, 그림책 북아트 테라피 등)으로 울타리 안과 밖을 아름답게 채워나간다. 다양한 색과 다양한 무늬들 속에 깊이 있는 진한 향기로 오색정원의 오색 빛 꽃들이 반짝이며 초록빛 영롱한 구슬 안의 투명한 아름다움으로 화려하게 피어났다.

지지 않는 꽃은 없고 시들지 않는 식물도 없다. 뿌리부터 단단하게 만들어 내기 위한 연습은 한도 끝도 없이 배우는 공부처럼 우리 인생도 끝없는 배움의 시작에 머물러 있다. 배움에 투자하고 시간을 쪼개어 배움을 실천하고 갈등과 고민 속의 경험으로 성장하는 삶은 엄마여서 행복한 시간처럼 가치 있고 의미 있는 행복으로 실력 있는 나로 바로 서는 일이다. 바로 내가 좋아하고 하고 싶어 하는 일을 하는 것이다. 그 빛을 주고 호숫가의 잔잔한 물결로 빛나는 윤슬로 엄마에서 온전한 나로 제2의 삶을 만들어 당당하게 옛지있게 내 삶의 주인공으로 살아가고 있다.

엄마라는 이름 안에 꽃처럼 화려한 보석

바다 깊은 곳에서 커다란 조개가 열리며 찬란한 빛이 눈부시게 빛난다. 아름답게 반짝이는 은빛 찬란한 진주의 가치는 우리가 끝없는 배움으로 자신을 성장시키는 가치와 다를 바 없다. 사회라는 커다랗고 웅장한 세계에서 삶이라는 고된 풍파를 만나고 1차 성장을 한다. 다양한 사람들을 만나고 수많은 일을 경험하면서 넘어지고 다치며 까지고 작게 든 크게 든 남아 있는 상처를 안고 가족이라는 새로운 꿈을 로맨틱하게 설계하며 기대한다. 그리고 미성숙한 어른으로 아이의 부모가 되기도 한다.

날씨가 참 좋은 날, 작고 사랑스러운 아이를 품에 안으며 기쁨으로 행복을 꿈꾼다. 방그레 처음 웃는 아이의 얼굴을 보며 아이의 미래를 꿈꾸고, 어느 날부터 엄마가 없어도 잘 놀고 잘 지내는 아이들. 아이가 아프면 내가 아프고, 아이의 꿈이 나의 꿈이 되기도 한다. 아이가 무서워하면 나의 무서움과 두려움은 사라지고 아이를 지키고자 아이의 뒤에서 바라보며 지켜보는 삶은 곁에 없어도 생각나게 하고, 함께 있으면 모든 생각이 사라지는 신기한 관계에서 아이를 생각하고 나를 생각하고 우리를 생각하게 한다. 함께 하는 세상은 존재 자체만으로도 너무 아름답기 때문이다. 그렇게도 사랑하는 아이와의 갈등으로 또 다른 세상을 경험하며 2차 성장을 하면서 스스로 찾아가는 엄마라는 이름의 여인.

평범한 일상을 살면서 보이는 많은 자연의 색은 한 계절을 지날 때마다 꽃이 피고 지는 신비함을 느끼게 한다. 한 나무가 어떤 꽃을 피우고, 어떤 계절에 어떤 잎을 내어 녹음을 만드는지, 어떤 색으로 물들고, 열매를 맺는지, 계절에 따라 꽃을 피우고 잎을 내서 씨앗을 키워 보내는 나무의 계절은 우리의 삶과 같다. 자라는 방법이 다르고 가지고 있는 고유한 개성이 드러날 때 빛이 나는 나무처럼 엄마가 되었을 때의 아름다운 모습은 위대한 탄생을 만들어 낸 최고의 순간일 것이다. 그렇게 엄마라는 빛은 태양보다 뜨겁고 얼음보다 냉정하게 아이와 세상을 함께 품어낸다.

　지혜로운 삶을 살아낸 분들이 하는 말 중에 삶에서 묻어나는 연륜은 무시할 수 없다고 한다. 내가 그 나이가 되니 연륜에서 묻어나는 삶의 지혜를 이제야 이해하고 있다. 에릭슨의 심리 사회적 발달 단계에서 인간이 영아기부터 노년기까지의 전 생애에 걸친 기본적 발달 단계만 보더라도 시기별로 겪는 모든 것이 경험이 되고, 경험으로 단단해진 지혜로움은 성장과 더불어 삶을 더 효과적으로 만들어 가는 노하우로 스며들 것이다. 그렇게 주부로 엄마로 살아낸 경력으로 사회에 내 자원을 가치 있게 활용하는 현명한 나로 바로 서고 있다. 하고 싶은 일을 하고 좋아하는 일을 하는 쉽지 않은 선택은 용기 있게 당당하게 엄마로 빛났던 제2의 인생에서 보석처럼 화려하게 빛나는 사회적 나로 성장하게 했다.

　그 성장의 결과물인 오색발전소는 많은 사람의 자원과 능력을 배움으로 성장시키고 나눔으로 서로를 토닥이며 기쁨으로 함께 소통하고 공감한다. 그리고 외롭게 힘든 시간은 함께 동행하며 잘하고 있는 우리를 위로한다. 용기 내어 나갈 수 있는 한 발, 두려움에 주춤거리는 한 발, 목마름에 갈망하던 새로운 배움에 시작에 용기와 힘을 준다. 그 힘으로 그늘에 가려있던 가치를 반짝반짝 빛나게 도와준다. 함께 같이 가치 있는 동반성장을 위해 잘 다듬어진 원석은 최고의 보석으로 빛이 난다.

앞으로의 계획과 꿈은 더 나은 나, 더 나은 엄마, 더 나은 리더가 되는 것이다. 완벽한 사람이 되기보다 깊이 있는 사람, 좋은 사람으로 주변에 머물고 싶다. 그러기 위해서 나를 더욱 사랑하고자 한다. 행복한 사람이 남들에게 행복을 줄 수 있다. 내 안에 사랑과 열정을 키워나가면서 세상에 즐거움을 주는 유익한 존재가 될 것이다.

아름답게 당당하게 늙지 않는 삶

강사를 시작하고 1년 반 만에 사무실을 오픈하고 사업자를 내면서 막연하게 생각했던 글쓰기에 도전하며 함께 하는 강사님들과 첫 공저를 출간하였다. 그 전에 자기개발 책도 많이 읽고, 자기개발 관련 유튜브도 챙겨 보며 내 시간에 충실했다. 그때 한참 유명세를 타기 시작하신 김미경 강사님의 강의를 찾아다니며 들었고, 그분의 책을 찾아 읽으며 동기부여를 하고 있었다. 그분의 책 중에 『꿈이 있는 아내는 늙지 않는다』를 '꿈꾸는 여자는 늙지 않는다' 로 바꾸어 나의 긍정 확언으로 만들었다. 그리고 '노력하는 꿈은 나를 배신하지 않는다' 고 주문을 외우듯이 쓰고 다녔다. 좋은 책들과 좋은 노래 가사에는 항상 나오는 말들이 있다. '생각하는 대로 마음 먹은 대로 이루어진다' 라는 이 말은 나에게 현실이 되었다.

생각을 바꾸지 않으면 아무것도 변하지 않는다. 힘들다고 현실을 받아들이기를 거부하는 두려움과 노력했는데 잘되지 않을 때의 불안함도 누구나 느끼는 감정이다. 자신의 행동이 어리석고 잘못되고 버거울 때조차 스스로 비하하는 것을 멈추고, 자신을 완전하게 받아들이는 마음이 무엇보다 중요하다. 겁 많고 소심한 내가 불안함과 두려움을 이겨내는 방법 중에 하나이다. 엄마의 부재로 불우한 유년 시절, 아픔으로 깊어지는 상처를 가진 청년 시절, 아픈 아이와 방황하는 딸아이를 키우며 힘들었던 삶, 사고로 거동이 불편하신 아빠를 모시며 갈등하며 참아냈던 시간. 어느 것 하나 나의 마음을 편하게 해주지 않았고 쉴 수 있게 하지 않았다. 하지만 그런 삶을 이겨내고 당당하게 사회의 중심에 자리 잡은 나의 모습을 보며 다시 한번 수렁에서 빠져나올 수 있었던 것이 무엇인지 생각해 본다.

내 기분 내 마음은 스스로 선택할 수 있다. 결국 나에게 도움이 되는 감정을 선택하는 것도 내 자신이라는 걸 우리는 무의식중에 잊고 살아간다. 무의식중에 자리 잡은 자아는 구멍 난 많은 상처들을 두려움을 미움을 불안함을 먼저 인식하게 만들기 때문이다. 이젠 숨어 있는 내 안의 나를 깨워 꼭 안아주어야 한다. 그리고 하고 싶은 것을 하나하나 찾게 해주는 것도 내 자신이다. 아주 사소하고 작은 것부터 나에게 선물을 주어야 한다. 잘 살아내고 잘 이겨내고 잘 만들어 가고 있는 작은 일상 속의 평범한 삶 속에서 행복해하는 여리고 착한 내면의 나를 만난다. 엄마여서 행복했고, 딸로서 당당했으며, 아내로서 사랑받았으니 이제 나로 아름답고 멋지게 세상과 마주하는 삶을 살아야 할 때이다. 내 삶은 누구도 대신해줄 수 없으니까.

남과 다른 나, 나와 다른 또 다른 나, 그 안에 특별한 나가 있다. 다르기 때문에 내가 할 수 있는 것도 내 것으로 만들어나가고, 내가 몰랐던 나의 자원으로 찾은 원석을 다듬을 수 있는 시간도 내가 만들어 내듯이 비교하는 낭비보다 채워지는 소중한 가치를 잘 만들어 보자. 처음 시작은 미비하나 끝나지 않는 성공에 대한 희망은 무에서 유를 만들어 낼 수 있다. 내가 고민하고 있을 때 누군가는 앞질러 나가는 것이 바뀐 세상의 빠른 속도이다. 내가 알고 있으면 남도 다 알고 있다는 생각보다 내가 알고 있는 것이 지금 시작을 앞당기는 새로움이라고 기대하고 꿈을 꾸고 실행해야 한다. 내가 꿈을 만드는 것이 아니라 꿈이 나를 바꾸어 새로운 발견을 하게 하는 세상에 우리는 살고 있다. 그 중심에 내가 있고, 내가 세상을 만들어나가는 중심이라고 여겨 다시 오지 않는 시간을 후회하지 말고 지나가는 시간과 기회를 내 것으로 만들자. 노력하는 꿈은 나를 배신하지 않기 때문이다. 나로 살아가는 모든 엄마들을 응원한다.

- 직장 경력 10년
- 국제법 박사 수료
- 주네덜란드대사관 연구원

이메일 purpleyoungjoo@hanmail.net
인스타그램
http://www.instragram.com/fruitsinthesky
연락처 010-7502-1196

이영주

09
40대에 완성할 나의 해방일지

현재 제주도에 살면서 진짜 내 인생을 살기 위한 준비 중이다. 내 롤모델은 49세의 나 자신이다.

40대에 완성할
나의 해방일지

인생에 대한 애정과 감사가 넘치는 사람

한국인, 41세, 여성, 싱글, 철들고 있는 중이며, 지난 3년간 네덜란드에서 직장 생활을 하다가 최근 한국에 귀국하여 현재 제주도 1년 살기를 하면서 인생의 다음 여정을 준비하고 있다. 외동딸이냐는 말을 많이 듣는데 실은 장녀이다. 요즘 유행하는 MBTI 검사를 하면 INFP로 열정적인 중재자 유형이다. 과몰입 공주 유형으로 공포 영화나 액션 영화는 무서워서 보지 못하고, 슬픈 영화를 보면 헤어나오지 못하고, 일주일 동안 집에서 울기도 한다. 리액션이 과한 편이라서, 차분하게 톤다운 하기 위해 노력한다. 자유와 평화를 사랑하고 잔소리와 갈등을 피한다.

1명과의 대화에 강하고, 3~4명 내에서는 말을 어느 정도 하고, 10명 넘는 장소에 가면 입을 닫게 되지만 이 습관을 고치려고 노력 중이다. 사람들에게 정신적 안정을 준다는 말을 많이 듣는다. 앞과 뒤가 다른 사람을 싫어하고, 양심 있는 사람을 좋아한다. 부담 주는 사람을 싫어하고, 자유를 주는 사람을 좋아한다. 이리저리 재는 사람보다는 자기 생각과 감정을 솔직히 말하는 자신감 있는 사람을 좋아한다. 조용한 곳을 좋아한다. 호기심이 많고 상상력이 풍부하다. 있는 그대로의 나도 좋고, 부족한 점을 보완하려고 계속 노력한다. 배울 점이 있는 모든 사람을 좋아하고 귀하게 생각한다.

부산 달동네에서 태어났다고 한다. 여자아이였는데 너무 뚱뚱해서 사람들이 장군감이라고 칭찬하면 엄마는 그게 너무 속상했다고 한다. 아기 때 사진 속 나는 늘 과자나 밥을 먹고 있다. 우리집은 잘 산 적은 없었지만 그래도 굶지는 않고 자랐다. 당시 유행하던 비싼 브랜드인 게스나 나이키 같은 브랜드를 살 수는 없었지만, 딱히 욕심을 내 본 적도 없는 것 같다. 아빠가 평생 현대 건설을 다니셔서 이사가 잦았다. 부산, 인천을 거쳐 울산에서 유치원과 초등학교 시절을 보냈는데, 초등학교 시절 6학년 때 서울로 올라와서 정착하였다.

서울에서 다닌 초. 중. 고등학교가 집에서 10분 거리에 있어서 늘 늦잠을 자고 뛰어서 등교하는 깡마른 모범생 반장이었다. 가끔 친구가 데려가는 학교 축제 같은 것을 제외하면 학교 – 도서관 – 떡볶이 집이 전부였다. 학창 시절 내내 극성스럽게 짝사랑하던 남학생이 있었다. 학교에서 잠을 많이 자고 엉뚱한 면이 많아 친구들은 나를 '영구 반장'이라고 불렀다. 못된 친구들은 만만한 나를 따로 불러내어 공격적인 말로 자극하기도 했는데, 놀란 마음에도 불구하고 늘 '미안해'라고 사과만 하던 바보 같은 반장이었다. 무리를 지어 다니지는 않았지만, 주변에 늘 친구가 있어 외롭지 않았다. 친하게 지낸 친구 2~3명은 지금도 가장 소중한 친구가 되어 내가 힘든 시기를 겪을 때 나를 잘 받아내 주고 있다. 인생의 기쁨과 슬픔을 오랫동안 함께 나눌 수 있는 친구가 있다는 것만으로도 감사하고 행복한 인생이라 생각한다.

생계형 국제무대 전문가

꿈이 많았고 계속 변했다. 내가 누군지도 모르는 상태에서 막연히 사람들이 즐겨 부르는 꿈이란 것을 찾으려고 했던 것 같다. 20세 이전의 꿈은 좋은 대학에 입학하는 것이었다. 우리 집에는 우리 집만의 가훈, 철학, 문화, 원칙 같은 것이 없었다. 두 분은 자식의 교육에만 집중하셨는데, 교육은 학교 성적이라 생각하셨고 그게 당시 두 분의 최선이었던 것 같다. 무뚝뚝한 아빠와 사랑스러운 엄마의 관계가 좋지 않아서 나는 가정에서 안전하다는 느낌을 받고 자라지는 못했다. 특히 고등학교 때는 많이 위태로워 학교 성적을 잘 받는 것만이 우리 가정을 지킬 수 있는 유일한 방법이라 생각했다. 그래서인지 나와 세상에 대해 깊은 고민을 해본 적이 없었다. 스무 살이 되어 운 좋게 원하는 대학에 들어갔고 국정 동아리 활동, 모의국회 등 다양한 활동을 했으나, 성적 관리를 전혀 하지 않고 이리저리 기웃거리기만 했다. 항상 전교 10등 안에 들던 내가 대학에 들어와서 학사 경고를 두 번이나 받았다. 어쩌면 이럴 수 있었을까?

인생에서 무엇을 하고 싶은지 잘 몰랐고, 어떻게 살아야 하는지에 대해 조언을 주는 사람도 없었다. 막연하게 영어 공부는 하고 싶다는 생각이 들었다. 여전히 철이 없던 나는 아빠를 설득해서 미국 미시건으로 어학연수를 9개월 다녀왔다. 그곳에서 아시아 관련 동아리 활동을 하고, 교내 신문사 직원으로도 활동하면서 재미와 성취를 크게 느꼈다. 20대에는 호기심은 많지만 겁이 참 많아서 어디를 가더라도 앞에 적극적으로 나서는 성향은 아니었지만, 해보고 싶은 일에는 꼭 문을 두드려봤던 것 같다. 미국을 다녀온 이후 해외로 유학을 가고 싶다는 생각이 간절했지만, 우리 집안 사정이 넉넉지 않으니 가능한 빠른 결론을 낼 수 있는 직업 선택해야겠다고 마음을 먹었다. 당시 정치 외교학과를 선택했기 때문에 해외에서 살면서 우리나라를 대표할 수 있는 외교관이 되어야겠다 결심하고, 친구들과 함께 외무고시 공부를 시작했다.

운 좋게 학교 내 고시반에 합격하여 들어가게 되었는데, 들어가자

마자 잘생긴 선배 한 명을 극성스럽게 짝사랑하다 연애를 시작했고, 신림동에 가서도 함께 짝꿍 생활을 하였다. 당시 남자친구는 나중에 결혼하면 내가 해외에 나가는 게 싫다고 했고, 바로 다음 날 나는 시험 종목을 행정고시로 바꾸었다. 어쩌면 이렇게 가벼울 수 있었을까? 내 인생에 대해 진지한 고민이 부족했고, 내 짝과 함께 가정을 꾸리는 것을 꿈이라고 생각해버렸다. 친구들은 자기 앞길을 잘 찾아가고 있었지만, 나는 정말 세상 물정 잘 모르는 순진한 온실 속 화초였다. 수년 후 남자친구가 먼저 사법고시 합격하여 신림동을 나갔고, 20대 전부나 다름없던 연애는 나의 세상을 뒤집고 아프게 끝이 났다. 가정을 꾸리는 꿈은 이때 없앴다. 이때부터 잃어버렸거나 한 번도 찾아보지 못했던 소중한 나를 찾고 싶었다.

30세에 시작한 나의 석사 과정은 좋은 사람들을 만나고 국제무대에 직접 투입되어 전문가들과 일할 수 있었던 바쁘지만 달콤했던 시간이었다. 쉬운 대학원 생활이 어디 있겠냐만, 한 분야를 깊이 공부할 수 있다는 즐거움이 분명 있었다. 학교에서 산악회 활동을 하면서 좋은 사람들을 만나 지난 상처를 잘 치유할 수 있었다. 전공 관련 활동으로 모의재판도 참가해보고, 논문 작성으로 외교부 장관상을 다수 수상했고, 국제법 분야 실력을 인정받으면서 성취감을 충분히 느꼈다. 공부로 할 수 있는 성취감이 가득 채워지자, 더 치열한 세상 속으로 나가서 부딪히고 싶어졌다.

운 좋게 안산에 위치한 해양연구원에 국제법 연구원으로 바로 취직이 되었다. 당시 2011년 후쿠시마 사고로 오염된 해양을 연구하는 팀에 합류하여 과학자들에게 법적 정책적 자문을 제공하는 역할을 맡았다. 법대생인 나는 매일 과학자들의 세상 속으로 출근했고, 해양환경보호 관련 국제조약의 과학자그룹 의장을 맡고 계신 책임연구원 홍기훈 박사님을 지원해 드리면서, 매년 영국 런던의 국제해사기구로 출장을 가서 대한민국 대표로 참여할 수 있었다. 참 많은 것을 배울 수 있었음에도 불구하고, 과학자 조직이었기 때문에 국제법 전공자로서 계속 성장해 나가기에는 분명 한계가 있었다.

더 넓은 세상으로 나가 보고 싶었다. 직장 생활 3년 후 다시 학교로 돌아와 박사과정 시작을 결정했다. 이 시기는 생존을 위한 고군분투의 연속이었다. 정부 학자금 대출을 통해 학비를 냈고 생활비를 벌기 위해 무엇이든 해야만 했다. 학업과 병행하기 위해 파트 타임을 구하고 있었고, 한국산업협회와 계약하여 환경산업 FTA 프로젝트를 책임졌다. 해양연구원에서는 과학자 및 국제기구와 조용히 문서로 업무를 하였다면, 협회에서는 환경부와 환경산업의 기업 대표님들 사이에서의 가교역할을 맡아 네트워킹이 필요했다. 기업의 대표님들은 주로 해외 진출을 모색하고 계셨는데 내 나름 최선을 다해 일했지만 민간 부분에서 사업 경험이 전혀 없었기 때문에, 내가 책으로 공부한 것들을 기업인들에게 전달하는 것에서 많은 어려움을 느꼈다.

나의 한계를 느끼고 직업을 통한 보람을 느끼지 못하고 있을 즈음, 해양연구원에서 새로운 자리로 오라는 제의가 들어왔다. 감사한 마음으로 다시 돌아가 원장님의 연구비서 역할과 국제회의 조직 역할 등을 맡았다. 욕심나는 자리라서 손을 뻗었지만, 부끄럽게도 당시 나의 깜냥, 지혜, 리더십, 전략적 마인드 수준으로는 감당할 수 없는 수준의 큰 책임이었다. 자리는 그 자리를 능히 감당할 수 있는 그릇을 가진 자에게 주어진다는 교훈을 뼈저리게 배웠다. 해양연구원이라는 큰 조직 내 많은 직원들을 유연하게 상대하는 마음, 효율적인 업무처리 능력 등이 부족했다. 사람은 오늘 결심한다고 갑자기 반짝 크는 게 아니더라! 자리에 맞는 능력 발휘를 하지 못한 채 스트레스로 결국 갑상선에 탈이 났고, 믿고 맡겨 주셨던 원장님께 죄송한 마음을 안고 그만둘 수밖에 없었다. 모든 기회들이 영광스러웠고 참 벅차게 귀했다. 나는 그 기적 같은 기회들을 멋지게 소화하지 못하고 자꾸 미끄러지고 주저앉는 자신에 대한 자책을 아주 오래 해야만 했다. 단단함이 부족했고, 어떤 마음을 가지고 삶을 살아야 하는지 잘 몰랐다.

Ph.D. 갑옷 입기 위한 고군분투

내가 직장에서 멋진 일들을 주도적으로 더 잘 해낼 수 있기 위해서는 박사 논문을 완성하여 Ph.D.라는 갑옷을 입어야 한다고 생각했다. 그래야 자꾸만 주저앉지 않고 당당히 일할 수 있을 것이라는 판단하였다. 우선, 돈 문제가 해결되어야 했다. 연희동으로 이사하여 돈을 벌 수 있는 다양한 방법을 모색했다. 영어 아나운서로 활동도 해보고, 신촌에서 성인반 영어 강사 활동도 하는 등 다양한 시도를 했는데 재미있기는 했지만, 사실 금전적으로 크게 도움이 되지는 않았다. 마지막 희망이었던 '글로벌박사 펠로우십'이라는 국가 장학금에 지원한 결과, 교육부로부터 2년간 매달 160만 원을 대가 없이 받을 수 있는 영광을 누렸다. 덕분에 돈을 벌어야 한다는 압박에서 해방되어 자유롭고 행복하게 연구 활동을 할 수 있었다. 미국 플로리다에 국제환경법 모의재판에서 판사 자격으로 참가도 해보고, 중국 국제법 아카데미에 참여하며 같은 공부를 하는 동료도 만났던 꿈 같던 시간이었다.

자신감을 가지고 박사 논문을 마무리 짓기 위해 망원동 쉐어 하우스에 55만 원 방을 잡고 200만 원짜리 중고차와 단골 카페에 기대어, 박사 논문을 본격적으로 쓰기 시작했다. 논문을 쓰던 중 박사 후 과정을 위해 미국 UCLA에 지원했고, 확실히 합격할 것이라 기대했지만 최종 인터뷰에서 결국 떨어졌다. 다시 힘을 내려고 했지만, 몇 주 후 나의 멘토였던 영문 에디터의 갑작스런 죽음으로 더 이상 글쓰기를 지속할 수 없었다. 망원동 집의 계약 문제로 연희동으로 다시 이사해 논문을 마무리하려고 했지만 결국 통과되지 못했다. 교수님은 딱 한 학기만 더 하자고 말씀하셨지만, 당시 나는 정신적으로 육체적으로 일주일도 더는 글을 쓸 수 없었다. 너무 오래 책상에 앉아 있어서 잘 걸을 수도 없었다.

학위 없어도 잘 살 수 있다며, 모든 것을 내려놓고 동남아로 떠났다. 나를 돌보면서 내가 정말 인생에서 무엇을 하고 싶었는지를 되짚고 싶었는데, 다시 생계가 걱정되어서 태국에서 여행 중 네덜란드와 호주 대사관에 지원했다. 해외 근무, 살면서 정말 꼭 한번 해보고 싶었던 내 로망 중 하나였다. 합격 전화를 받았을 때 너무 기뻐서 발리 바다 한가운데서 소리를 질렀던 기억이 아직도 생생하다.

한국으로 귀국하여 토익 시험 성적을 제출하였고, 부모님과 교수님께 대사관에 취직되었다고 말씀드리고 네덜란드 헤이그로 떠났다. Ph.D.를 마무리하는 것도 중요하지만, 생계를 계속 걱정하고 강한 바람에 쉽게 흔들리고 주저앉는 나를 더 이상 보고 싶지 않았기 때문에 대사관이라는 안정적 직장에서 60세 정년이 될 때까지 근무하겠다고 마음먹었다. 나이가 있으니 적당한 타협도 필요하다고 생각했다. 30대 나의 꿈은 나 한 몸 먹여 살리는 생계였고, 아련하게 국제무대 전문가가 되고 싶었으니 이제 되지 않았나 하는 생각도 들었다.

해외 근무를 통해 나의 정체성과 삶의 방향성 확인

'Life begins at the end of your comfort zone' (인생은 당신의 안전지대를 벗어난 곳에서 시작된다) 라는 말이 있다. 한국을 벗어나면 고단한 인생이 끝날 줄 알았다. 왜 그렇게 생각했을까? 해외 살이는 한 인간을 단기간 내에 독립적으로 성장시키는 가장 효율적인 방법이 아닐까 생각한다. 네덜란드 법과 문화에 따른 집 계약, 자동차 구매, 친구 사귀기 등 모두 혼자 해내야 했고 그 과정에서 나 이영주라는 사람에 대해 알게 되었다. 부끄럽게도 새로운 친구를 사귀는 방법도 이때 처음 배웠던 것 같다. 힘들었기 때문에 네덜란드 생활 1주년, 2주년, 3주년을 기억해 스스로에게 정말 멋진 파티를 해주었다. 짧다면 짧은 3년간의 네덜란드살이 동안, 나는 내가 어떤 사람인지 잘 알게 되었다. 세상에 나를 제일 잘 아는 사람은 나이고 내 일을 제일 잘 해결할 사람도 나라는 자신감도 명확해졌고, 네덜란드인의 당당함, 솔직함, 친절함도 나에게 좋은 영향을 미쳤다. 나는 비로소 단단해졌다.

대사관 생활 또한 예상과 달리 정말 흥미진진한 새로운 세계였다.

일반적으로 대사관은 국가를 대표하고 파견국에서의 외교활동, 자국민 보호, 문화교류 활동, 타국 정보수집 활동, 사증 및 증명서 발급 등의 업무를 실시하는데, 특히 헤이그는 국제법의 수도로서, 국제사법재판소(ICJ), 국제상설중재재판소(PCIJ), 국제형사재판소(ICC)와 같은 국제기구가 소재하고 있는 곳이기 때문에 국제법을 전공한 나에게 매우 특별한 의미가 있었다. 대사관 내에서는 나는 외교관들의 대외활동을 지원하는 연구원으로 근무했는데 대사관의 활동 범위는 정말 광범위했다. 매일 주재국 언론 기사 등을 통해 네덜란드 정치 및 경제 정세를 파악하여 정기적으로 본부 보고하고, 다양한 정부 부처에서 주재국 특정 주제 정보 조사 요청이 오는 경우 신속히 관련 자료를 정리하여 본부 보고 하였다. 코로나19 기간에는 네덜란드 코로나 발생 현황 및 정부 정책 등을 본부에 보고하여 정책에 참고토록 하고, 대사관 홈페이지에 게시하여 교민들에게 정확한 정보를 신속 제공하였다. 코로나로 인해 한국인에 대한 인종차별 건이 보고되는 경우 대사관에서는 주재국 경찰과 검찰에 접촉하여 피해자 보호 및 재발 방지에 최선을 다하기도 했다.

대사관 업무의 중요성과는 별개로, 나에게는 수직적 공무원 조직 문화가 잘 맞지 않았다. 대사관은 대사, 공사, 참사관, 영사, 사무관, 행정직원 등으로 서열이 분명한 군대식 조직이었고, 나는 업무처리 방식이 전혀 다른 5명의 상사를 동시에 지원해야만 했다. 대사관은 순수 학문 연구 조직이 아니기 때문에, 권력은 정보의 독점 및 차단을 통해 유지되었다. 폐쇄적 조직에서 개인은 도약적인 성장을 이룰 수 없다. 대사관 직원들은 타 기관에 비해 모두 권력 민감도가 상당히 높은 편이라 텃세와 갑질도 상당했다. 결국 2022년 겨울 사직을 결정했지만, 정말 감사한 점은 대사관 근무를 통해 일에 관한 거의 모든 깨달음을 얻고 사회적 자아를 만들 수 있었다는 점이다. 궁금했었던 내 인생의 퍼즐 조각도 맞춰진 느낌이다. 생각해보니 20대 내 첫 꿈이 외교관이었고, 어쩌다 보니 나는 바로 그 현장에서 치열하게 일을 했던 것이다. 지구 한 바퀴를 돌고 인생 한 바퀴를 여행한 느낌이다.

지식, 지혜, 사랑을 갖춘 사람 키우는 리더

대사관을 떠나는 결정을 내리기 바로 직전, 기적 같은 시간이 내게 찾아왔다. 내가 국제법 관련 국제기구인 헤이그 아카데미에서 기후변화 관련 국제법 책의 저자로 선발되었다. 세계 15개국의 세계적 석학들과 박사들이 저자로 참여하였는데 왜 내가 뽑힌 것일까? 나는 기후변화 중 지구공학(geoengineering)이라는 세부 주제를 배정 맡았다. 한 달 동안 진행된 세미나에서 국제기구 측으로부터 잊을 수 없는 정성스러운 지원과 지지를 받았다. 내 말 한마디, 내 아이디어 하나, 나의 모든 것이 '괜찮다'는 무한 긍정, 있는 그대로 완전히 존중받는다는 느낌을 경험하였다. 대사관에서 상명하복 질서에 익숙했던 나에게 정말 꿈만 같은 새로운 세상이었다. 경험이 없어 자신 없는 내게 인정과 용기를 주셨던 담당 교수님은 정말 지식, 지혜, 사랑을 모두 갖춘 진정한 선생님이셨다. 돌이켜보니, 네덜란드에 간 것은 주님의 미리 계획하심에 의한 것이었음이 보인다. 나 자신을 바로 알게 하시고, 주님의 세밀하게 일하시는 방식을 보여주시고, 다음 단계의 비전을 제시해 주셨다. 축복의 기둥으로서 항상 깨어 기도하고, 나의 도움이 필요한 이웃이 있는지 살피고, 특히 청년들을 위로하고 격려하며 사는 인생이라는 비전이 마음에 심어졌다.

네덜란드에서 나의 정체성과 삶의 방향성을 확인하였지만, 너무 오랫동안 생존 모드로 살아 지친 상태였고 거의 죽을뻔한 경험으로 인해 휴식이 필요했다. 그래서 제주에 왔다. 아무런 연고도 없는 장소였지만 해외 살이 경험 덕분인지 모든 것이 너무 쉬웠다. 제주도에 왔다고 연락하니 요즘 동생들 연락이 많이 온다. "언니, 저 뉴욕에 가서 살고 싶은데 어떻게 하죠?" 질문에 "한 번 살아봐."라고 말하고 웃는 언니로 살고 있어서 참 기쁘다. 나는 그동안 참 많이 흔들렸으나 좋은 사람들 덕분에 뿌리째 뽑히지 않았다. 뿌리를 더 깊고 단단하게 내린 싱그러운 나무로 자라고싶다. 체력, 전문성, 신앙, 인성 모두 무럭무럭 건강하게 자라서 선순환의 고리를 만들고 싶다. 점점 이렇게 성장하고 나눌 수만 있다면, 나이가 든다는 것은 잘 익어가는 축복이 될 수 있을 것이다. 점점 그렇게 나에게 반하는 사람이 되어가고 싶다. 제주에서 그 선순환의 시작을 시작하는 중이다. '하나님, 저는 뭐예요? 저 왜 여기에 있어요?' 이에 '너는 빛이다.' 라며 되려 내가 무엇을 원하는지를 물어보신다. 나는 앞으로 후배들에게 내가 받아보고 싶었던 사랑을 줄 수 있는 '사람을 키우는 선배' 가 되고 싶다는 것이다. 앞으로 계속 나는 이 질문에 답을 해나갈 것이다. 죽어도 여한이 없다는 생각도 들었지만, 다시 살아서 새로운 비전을 가지고 이렇게 깊이 매일 나의 삶을 애정하고 있다.

자기 확신을 가지고 소통하는 행복한 사람이 됩시다

부끄럽게도 20대를 지나 30대까지도 나를 잘 알지 못했고 스스로를 충분히 사랑하지 못했기 때문에 사람들에게 이리저리 휘둘리며 살았다. 다행히도 40대에 접어들면서 나를 알게 되었고, 이제 진짜 내 인생을 살 마음의 준비가 되어 있다. '내 40대' 라는 이름을 붙인 자동차의 운전석에 앉아 때로는 도시를 때로는 농촌을 지나며 운전을 할 생각이다. 운전을 하면서 지금까지 속박하고 있던 불필요한 것들로부터 나를 해방시키고 싶다. 그렇게 해서 내 인생의 알맹이들을 열매로 얻을 수 있기를 기대한다. 마지막으로, 지금까지 배운 것들 몇 개를 여성 독자들과 나누고 싶다.

  첫째, 반드시 자신을 사랑하는데 먼저 투자하시기 바란다. 나에 대한 애정과 행복이 넘칠 때 비로소 어디로든 건강하게 흘러간다. 둘째, 나의 행복을 지켜내기 위해 자신만의 살아가는 방식을 찾는 것이 중요하다. 우리 모두는 하루 24시간 계획부터 직업, 주거지 선택까지 나 자신에 맞는 삶의 방식을 선택하고 결정할 수 있음을 잊지 않았으면 좋겠다. 세월을 아끼는 방법이다. 셋째, 자신만의 기준과 결정에 대해 확신을 갖게 되면, 나의 모양과 색깔을 지키면서 당당히 세상에 설 수 있다. 그러한 확신이 부족하다면 서두르지 말고 긴 호흡으로 하나씩 쌓아 나아가시면 된다. 넷째, 나로 사는 것을 정말 잘하기 위해서는 타인과 소통하는 방식을 끊임없이 배우는 것이 중요하다. 앞으로도 세상의 기준들은 계속해서 여러분의 나뭇가지와 잎사귀를 흔들 테지만, 그들의 불안한 에너지에 동요하지 말고 자신만의 뿌리를 더욱 깊게 내리시면서 여러분을 잘 표현하시기 바란다. 다섯째, 성장할 때 행복한 사람은 매일 나의 한계를 마주하고, 포기하지 않고 일어나서 계속 나아간다. 모두가 반드시 성장해야 할 의무는 없겠지만, 모두가 잘 일어나서 계속 나아가는 자신만의 방법을 만드시길 바란다. 두려움이 없어지기 때문이다. 마지막으로, 우리가 지금까지 받았던 많은 사람들의 용서, 이해, 격려를 절대 잊지 않고 청년들에게 좋은 어른들이 되시기를 바란다. 한 사람, 한 사람의 힘은 엄청나기 때문이다.

○ 서울여자대학교 국어국문학과 졸업
○ 상담 심리사 1급 2급 자격증 보유
○ 심리 분석 상담사 1급 2급 자격증 보유
○ 세계 지도사 1급 2급 자격증 보유
○ 1인 미디어 콘텐츠 창작자 1급 2급 자격증 보유

이메일 renix7172@naver.com
인스타그램
http://www.instragram.com/millno333
블로그 https://m.blog.naver.com/renix7172
연락처 010-8210 - 5445

박정미

10
아름다운 날을 위해

　1990년 결혼 후 2남 1녀를 키우며 주부가 전부라는 생각으로 살았다. 작년에 막내가 대학을 입학하면서 하루를 온전히 내 시간으로 쓸 수 있게 되어 여태껏 못 했던 것들을 계획하고 준비하고 실행하며 나만의 시간을 보내고 있다. 이 글을 쓰게 된 것도 그중 하나다.

아름다운 날을 위해

행복을 꿈꾸며 성장하다

내가 어린 시절을 보낸 곳은 마산이며, 구마산과 북마산 중간쯤으로 태양극장을 끼고 있고 위로는 노비산이 있었다. 어린 시절 나는 고집이 있었다. 한번은 엄마가 어린 내게 잘못을 인정하길 바란 적이 있었다. 나는 그걸 인정할 수 없어 마냥 매만 맞았다. 그러면 정이 많은 할머니는 손녀가 맞는 걸 볼 수 없어 며느리인 엄마를 말리곤 했다. 어떨 때는 착한 동생이 엄마를 말리다가 맞기도 했다.

초등학교를 입학하고 많은 친구를 만날 수 있어 좋았다. 경희라는 친구는 노비산 자락에 살았으며 또한 이란성 쌍둥이 친구가 있었는데, 그 친구 집은 가발 공장을 뒤에 두고 있는 이 층 양옥집으로 정원에 잉어가 있는 연못을 가지고 있었다. 나는 쌍둥이 중 한 명과 잘 지

내 자주 친구 집에 놀러 갔다. 아쉽게도 그 친구는 3학년이 들면서 서울로 이사 가게 되어 이후 볼 수 없었다.

난 고학년에 접어들면서 공부에 관심을 가지기 시작했다. 노력도 효과를 발휘해 좋은 성적을 내고 학급 반장도 했다. 키는 작았지만, 전교 조회 시간에 반장 위치에 서 있던 기억과 함께 학급 조회 시간에 일어나 '차렷 경례' 구호를 외쳤던 일은 흐뭇한 기억으로 남아 있다.

내가 다닌 마산여자중학교는 공립으로 분위기가 안정감이 있었다. 계속 공부에도 관심을 가져 반장도 하고 의미 있는 중학 생활을 보냈다. 3학년이 될 때까지 열심히 공부해 마산여자고등학교에 시험을 봐 진학한다고 알고 있었는데, 몇 달 지난 어느 날 연합고사로 변경됐다. 연합고사 합격은 인문계 고등학교 세 군데 학교 합격권 내에만 들면 된다. 하지만 공부를 통해 꿈을 이루려는 생각이 굳어지지 않은 나는 조금 있던 공부에 대한 열정을 키우지 못했다.

세 군데 인문계 고등학교 중 추첨을 통해 성지여고에 배정되어 다니게 되었다. 성지여고는 카톨릭 재단으로 교장 선생님이 수녀였다. 특히 교장 선생님 성함이 박정희라 아직도 얼굴과 함께 그때의 모습이 떠오른다. 2학년이 되면서 문, 이과로 나눠지게 되었는데, 진로 방향을 정하지 않고 이과로 갔다가 3학년이 되면서 정치외교학과를 지원할 목표가 생겨 문과로 다시 왔다. 열심히 공부하지 않은 탓에 학력고사에서 좋은 성적을 얻지 못했다. 이화여대 정외과를 지원하였으나 떨어져, 재수할까 고민하고 있을 때 서울여대를 나온 사촌 새언니가 이 학교를 권했다. 엄마는 이때부터 '여자는 시집 잘 가는 게 최고다'로 생각을 바꾸셨다. 그러면서 재수를 하지 않고 서울여대 후기 대학에 입학하길 권했다. 엄마는 주부이긴 했지만, 생활력도 강했고, 안목도 남달라 부동산에 대한 감각도 있어 우리 가족을 생활의 어려움 없이 이끌고 나가셨기에 엄마 의견을 따랐다.

대학을 입학하면서 서울에서 생활을 시작했다. 서울여대는 태릉에 위치하고 있는데, 처음에는 반포에 있는 이모 집에서 학교를 다녔다. 청량리에서 45번 버스를 갈아타야 했다. 한 달 뒤 학교 근처로 옮겼다. 지도교수였던 김해성 교수님은 지금도 눈에 선하다. 항상 긍정적이셨고 밝고 생활 이야기를 많이 했다. 우리 과 친구들은 전국에서 모였다. 다른 고향을 가진 개성 있는 친구들이 있어 즐거웠다. 대학 생활 첫 미팅과 두 번째 미팅은 잊지 못한다. 첫 미팅은 과 선배가 주선했는데 유교적 가치가 뿌리 깊은 친구를 만났고, 두 번째 미팅으로 만난 친구는 몇 차례 만나기도 했다. 중간고사 기말고사를 치면 한 학기가 지나가고, 한 학기를 마치고 방학이 되면 마산집으로 내려오는 생활을 대학 생활 내 반복했다.

배움으로 행복해지다

　어릴 적 나는 아버지가 중학교 교사인 가정에서 자랐다. 이웃들은 아버지를 호인 박선생이라 불렀다. 위로 오빠와 여동생이 둘이고 살가운 할머니와 진취적인 엄마가 있었다. 고모들도 가까이 살아 사촌 언니들과도 친하게 지냈다. 아버지는 독자이고 할아버지는 일찍 돌아가셨지만 형제가 많아 명절이나 제사 때가 되면 육촌 동생 오빠들도 보았다. 가정의 정서적인 풍족으로 아쉬움이 없었다.

　초등학교 저학년 때 우리 반에는 미술대회에 나가기만 하면 언제나 최우수상만 받는 친구가 있었다. 처음에는 그림을 잘 그리나보다 생각했고, 당연시되니 나중에는 특별하게 여겨졌다. 그 친구의 영향으로 그림에 대한 관심이 생겨났다. 당시 우리 동네에는 도자기회사에서 그림을 그리는 미술 선생님이 있었는데, 친구들 몇 명과 미술 과외를 받았다. 선생님 집에서 수업이 이루어져 이웃에 다니는 것처럼 수업을 받게 되었다. 선생님은 스케치 초안을 주고 그 외 부분 색감이나 구도 등을 자유롭게 표현하는 수업을 하였다. 선생님은 나에게 개성 있는 색채를 사용한다고 말해 주었다. 이후 나는 미술대회에 나갔는데 최우수는 아니지만, 입상은 받아 그림은 남의 일이라 생각한 거리감은 좁아졌다. 그리고 나의 관심 영역도 커지기 시작했다.

이후 사촌 언니 중 영남대 피아노 학과를 다니는 언니가 있어, 그 언니에게 피아노 수업을 받기 시작하였다. 언니는 대회도 자주 나가 큰상도 받고 하여 언니에게 배우면 피아니스트가 되겠구나는 생각을 몰래 가졌다. 수업은 언니 집에서 이루어졌다. 언니는 연습 분량을 정해주고 언니의 볼일을 보러 옆방으로 가곤 하였다. 언니가 사라지면 나는 자연스레 긴장이 풀려 적당히 악보를 보고 익숙한 대로 대충 건반을 두드렸다. 이럴 때면 어김없이 옆방에서 언니의 목소리가 울려 퍼졌다. 틀린 부분이 바로 될 때까지 다시 하게 했다. 언니가 자리를 떠도 내가 치는 피아노 소리를 듣고 있다는 걸 알았고, 이때부터 언니를 피아노 선생님으로 생각하게 되었다. 나의 피아노 수업은 언니가 대학을 졸업하고 선생님으로 나가기 전까지 계속되었다. 이후 나는 피아노를 칠 수 있게 되었고 악보를 보는 것에 어려움이 없었다.

그러다 초등학교 4학년 나에게 전에는 보이지 않던 가치가 다가왔다. 반장을 하는 친구가 멋져 보이기 시작하였다. 반장은 공부를 잘한다는 걸 알았다. 이 친구가 방과 후 보습 학원에 다니는 것도 알게 되었다. 엄마에게 말하고 친구를 따라 나도 학원에 다니기 시작했다. 이때부터 신기하게 공부에 관심을 가지게 되어, 어떻게 해야 공부를 잘하는지도 몰랐지만 잘해야지 생각으로 바로 학원 선행학습에서도 좋은 성적을 얻었으며, 이후 학교 시험에서도 좋은 성적을 얻고 반장도 하게 되었다.

나의 엄마는 열성적이고 진취적이었다. 가정일 뿐 아니라 사회의 모든 일에 관심이 많았다. 특히 정치에 관심이 많아 국회의원 선거가 있을 때면 유세장을 직접 찾을 때도 많았다. 내가 성장하면서 공부를 잘하게 되자 엄마는 내 이름에 얽힌 이야기를 해 주었다. 내가 태어난 무렵, 엄마가 지물업을 하고 있을 때인데 지나가던 스님이 갓 태어난 나를 보고 공부만 시키면 박순천(전 국회의원) 여사처럼 될 것이라 하며 스님이 나의 이름을 '정치 정' 자를 넣어 정미라 지어 주었다고 하였다. 내가 대학 진학할 때 정치 외교학과를 지원하게 된 것도 엄마의 바람과 내 의지가 합쳐진 것이었다. 대학에 낙방함으로 이름에 맞게 나아가지 못해 아쉬움이 있다.

결혼으로 성장하다

나의 엄마는 딸이 빨리 결혼하길 바랐다. 대학 졸업 후 몇 차례 선을 본 후 남편을 만나게 되었다. 결혼 후 남편은 군복무를 마쳐야 했기에 영천에서 훈련을 받은 후 철원 3사단으로 배치되어 함께 갔다. 여름이면 관사 앞 풀이 무성히 있는 걸 남편이 낫으로 베었고, 겨울이면 눈이 무릎 위까지 쌓였다. 관사에서 나오면 발 눈도장을 찍으며 다녔다.

　내가 가족과 떨어져 있는 걸 알고 연대장이 진돗개 새끼를 보냈다. 남편과 나는 부대 이름을 따 '백골' 이라 불렀다. 동생이 서울 아현동에 살고 있어, 동생 집을 방문 할 때면 백골이도 같이 나들이를 했다. 똑똑하고 명랑하여 같이 다니면 즐거웠고, 늘 나를 따라 기특했다. 우리가 먹는 걸 주면 좋아해 같이 먹었다. 어느 날, 평상시와 같이 오징어를 같이 먹었는데 활동적이던 백골이는 한쪽 벽면으로 얌전히 가 앉았다. 그리고 몇 시간 뒤 백골이는 움직이지 않았다. 다음 날 나와 남편은 관사 뒤 한켠에 백골이를 묻어줬다. 나중에 군의관이 마른 오징어를 소화 시키지 못해 급체한 것 같다 말했다. 군의관 가족이 행복하게 지내다 보냈으니 슬퍼 마라 위로했다.

　1991년 1월 임신한 상태였던 나는 예정일이 남았음에도 양수가 나와 서울로 와서 첫째를 낳았다. 예정일에서 한 달 일찍 태어났지만 건강하여 감사했다. 당연 모유 수유를 할 거라 생각했는데, 모유가 나오지 않아 급히 젖병도 사고 분유 먹일 준비를 했다. 그리고 사 뒀던 육아 책을 봐가며 분유 먹이기, 트림시키기, 목욕시키기 등을 배워 나갔다. 아이가 보채면 이유를 알 수 없어 가장 힘들었다.
　1991년 봄 남편이 창원 39사단으로 옮기게 되어 창원으로 왔다. 창원으로 오니 본가와 가깝고 주변에 친구들도 있어 정서적으로 풍요로웠다. 첫째가 걷기 익숙해진 날 아파트 단지 내 공간에 내려 주었다. 갑자기 공포에 질린 듯한 아이의 모습에 놀랐다. 아마도 아이한테는 너무 넓은 공간으로 다가왔는가 보다. 유아인 첫째도 엄마인 나도 처음 경험한 것이었다. 그 후 92년 6월에 둘째가 태어났다. 막 걷기 시작한 첫째와 신생아인 둘째를 함께 돌보는 건 어려웠다. 그렇지만 두 아이의 커 가는 모습을 보는 즐거움과 엄마로의 행복이 더 컸다.

　1994년 봄에 남편은 창원에서 사무실을 개업하게 되어 가정적으로 더 안정되어 나는 가정에 몰두하게 되었다. 이맘때쯤 남편 동료들은 자주 우리 집에 모여 밤늦게까지 있었다. 평상시는 물론이고 남편 생일이나 돌잔치 등에 주로 모였다. 나는 도우미를 부르기도 하였지만 거의 혼자서 준비하였다. 준비 과정이 내 일이라 여기니 학창 시절 가정 시간에 배웠던 상차림에 대한 공부와 요리책과 음식점에서 본 것 먹어본 것들이 가이드가 되었다. 그러면서 내가 혼자 직접 준비 해낸 것에 감사했다. 손님 중에는 집에서 금방 만든 피자를 피자 팬 통째로 가지고 와 나에게 맛보게 해준 분도 있었다. 나는 감사히 받아 오신 다른 손님에게도 나눠 주곤 했다.
　남편이 속한 '창원지방변협의' 가족 동반 행사에 애들과 함께 참석하는 건 큰일이었다. 동료 가족들도 오랜만에 만나 반가움도 나누고 커가는 또래 아이들을 볼 수 있어 좋았다. 연말 송년회에도 모든 가족이 참석하여 한해를 보냈고, 새해를 맞이하는 아쉬움과 감사를 나누는 자리에도 함께 했다. 대한변협의 전국 모임에도 애들과 함께 휴가 겸 참석하여 휴식도 갖고, 모인 가족들과 만찬의 시간도 가지며 의미 있게 보내려 노력했다.

가정에서 성장하다

1999년 1월 우리 가족은 밀양으로 이사했다. 생활이 안정화되어 가던 창원을 두고 지인 한 명 없는 밀양으로 옮긴 건 나로서는 큰 결정이었다. 또한 밀양으로 온 후 남편은 평소 가지고 있던 정치에 대한 관심을 행동으로 옮기기 시작했다. 당시 한나라당 정치 대학원에 입학하면서 여러 활동을 했다. 남편이 새벽에 밀양역에 도착하면 항상 마중 나가 같이 집으로 돌아왔다. 아이들은 낯선 환경임에도 새롭게 친구도 사귀고 학교에도 잘 적응하여 감사했다.

그쯤 건강하시던 시어머니께서 검진 결과 위암으로 진단받으셨고 수술을 받게 되었다. 말기에 발견되어 상태가 좋지 않았다. 39사단 시절부터 알고 지내던 군의관이 제대 후 김해에서 중앙병원을 운영하고 있어 그곳에서 수술을 받았다. 나는 밀양에서 김해까지 운전하여 시어머니를 모셨고 치료와 외래진료 입원실을 오갔으나 시어머니는 상태가 더 나빠져 결국 서울 원자력 병원에서 항암치료를 받게 되었다. 하지만 애쓴 보람도 없이 2002년 시어머니는 돌아가셨고, 가족 모두 슬픔에 빠졌다.

가정에 아픔이 있었지만, 남편은 총선을 위해 노력을 계속했다. 하지만 설상가상으로 혼자 계시던 시아버지가 가려움증으로 내원한 병원에서 췌장암의 진단을 받았다. 시아버지가 수술을 위해 입원하자 남편은 아픈 아버지를 두고 선거운동을 계속할 수 없다고 했지만, 병환 중인 시아버지는 도리어 선거를 마지막까지 지켜보는 것이 소원이라 하셔서 남편은 선거운동을 계속해 나갔다. 하지만 남편은 공천에서 떨어진 뒤 한나라당을 탈퇴하여 무소속으로 출마 도전해야 했다. 나는 남편의 부탁으로 마산에서 3선 시의원을 하는 초등학교 동창에게 도움을 청했고, 이 친구는 남편을 서포트 해 주기도 하고 선거 개소식에도 초등 동창회 임원진과 참석하여 도움을 주었다.

나는 이때 막내를 낳아 기르고 있었다. 셋째는 예고 없이 나에게 찾아와 하늘의 뜻이라 여겼다. 나는 막내를 안고 시아버지 병문안과 남편의 선거일, 큰애의 공부까지 챙길 수밖에 없었다. 다만 이 과정에서 이런 집안의 큰일이 있기 전 우리 가족들만의 루틴이 깨져 애들은 각자 시간을 보내게 되어 각자의 시간을 잘 사용 하는지 꼼꼼히 챙겨 볼 수 없어 걱정되었다. 공부와 생활에 빈틈이 생길까 걱정이 되지만, 더 이상 일일이 챙길 수 없고 잔소리만 늘어놓을 수도 없게 되었다. 애들이 스스로 책임감을 가지고 잘해 나가길 바랄 뿐이었다.

시아버지는 선거가 있기 바로 전에 돌아가셨다. 남편의 선거는 결과를 알고 진행된 것이었고 과정의 여러 문제는 갈등의 씨앗만 남겼다. 선거란 사람들의 지지를 받아야 하기에 쉬운 일이 아니다. 먼저 가족들의 지지를 받아야 한다. 가족이니 덮어놓고 편을 드는 것이 아니라 진정한 마음의 응원을 받아야 한다. 그러기 전에는 가족이 돕는다는 것이 도움이 아니라, 자칫 선거를 치르기도 전에 집안 망신으로 끝날 우려가 생길 수도 있다.

건강하시던 시부모님이 몇 년 사이에 돌아가시자 남편이 장남이므로 집에서 제사를 지내게 되었고 아울러 명절도 준비하게 되었다. 실상은 나는 아직 마음의 준비가 되지 않았다. 그렇지만 상황적으로 내가 지내는 것이 맞다 판단하여 내가 먼저 지내겠다고 했다. 명절을 지내고 기제를 준비하는 것은 정성을 담아야 하는 일이다. 아직 애들도 어리고 특히 막내가 이제 태어나 관심 가지고 해야 할 일들이 많았다. 장남인 남편의 입장을 고려한 내 배려가 희생으로 내몰리지 않기를 바랬다. 나는 모두의 편의를 위해 혼자서 모든 준비를 했다.

아름다운 미래를 준비하다

막내가 대학에 입학하면서 나의 자녀들은 모두 각자의 생활을 하게 되었다. 큰애들도 대학 입학 때부터 각자의 생활을 시작했다. 큰애들은 자기들 학교, 직장 근처에서 주로 생활하였다. 그러다가 시간될 때 가끔 집에 왔다. 각자 자기 할 일이 있는 것이라 여겼다. 말은 하지 않았지만, 큰애들이 없는 기제나 명절은 서운하기도 했다. 사춘기 이후부터는 내 생각을 아이들에게 말하는 걸 자제했고, 굳이 명절이나 기재 때 오라고 당부하지 않았다. 애들이 대학을 가고 난 후에는 가족이 함께 보낸 시간이 많지 않다. 앞으로 함께 지내는 시간이 더 없어질지도 모르겠으나, 가족이 함께 한다는 자체만으로 큰 의미라 생각한다.

막내가 대학을 입학하면서 나는 표면적으로 자녀교육이란 의무에서 벗어났다. 결혼 후 줄곧 남편 자녀 가족 주변 등의 일로 가득 차 다른 것을 할 여유를 못 가지고 지냈는데 이제 적어도 학생을 두고 있지는 않다. 첫째가 초등학교 입학에서 막내의 고등학교 졸업하기까지 20년 넘게 사고의 많은 부분을 학생의 마인드로 애들과 함께 지냈다. 앞으로는 자녀교육의 자리에 나를 성장 시키는 공부를 하고 나아가 도움이 필요한 사람에게 도움을 줄 수 있길 희망해 본다. 아울러 평소에 하고 싶었던 여행도 하고 또 공부하여 깊이 있게 여행지를 소개도 하는 꿈도 가져 본다.

최근 한국심리교육협회의 심리상담사 자격증에 도전했다. 이 과정은 작은 것이지만 학창 시절 후 처음 공부에 도전하는 거라 나에게는 의미가 있었다. 결혼 후 가족 갈등 등을 겪으며 전문적 공부를 하여 스스로에게도 위안이 되고, 어려움을 겪고 사람들에게 도움이 되고 싶은 바람이다. 심리상담사는 전문 상담사다. 상담이론과 상담기법을 익혀 상담에 적용해야 한다. 상담자는 자신의 심리적 갈등이나 문제들을 인지하고 합리적이고 바람직한 방식으로 대처하고 해결할 수 있어야 한다. 또 상담자는 심리적 안정상태에 있어야 한다. 심리적 안정상태란 상담자가 아무런 갈등을 갖고 있지 않다는 것이 아니라, 상담자 개인의 갈등을 긍정적으로 극복하고 그것을 치료에 활용할 만큼 심리적으로 안정됨을 말한다. 심리상담사 공부는 할수록 나에게 꼭 필요한 공부이다. 이제 시작하는 것이지만 공부하는 동안 갈등이나 행동의 원인에 대해 설명을 들으면서 나에게도 적용해 마음의 평정을 찾을 수 있었다. 흔히들 말하는 마음 공부, 마음 다스리기가 되는 것이다. 심리상담사 공부는 나에게는 일거양득인 셈이다.

2002년 4월 튀르키예 일주를 여행사를 통해 신청했다. 튀르키예

항공 직항으로 인천에서 이스탄불에 도착하여 베이파자르, 앙카라, 투즈괼, 카파도키아, 안탈리아, 파묵칼레, 쉬린제, 에페소, 부르사를 거쳐 이스탄불로 돌아오는 일정이다. 오래된 역사를 두고라도 맑고 투명했던 옥색의 지중해 바다와 석조건물의 웅장함과 아름다움은 잊을 수 없다. 또 지리적 배경으로의 보스포루스 해협을 보는 것은 감동을 불러일으켰다. 좌우로 유럽과 아시아 문화를 번갈아 보며 아시아대륙과 유럽 대륙을 오가고 있는 보스포루스 대교의 차들을 보며 지정학적 연결도 볼 수 있었다. 카파도키아의 데린구유는 기독교인들이 박해를 피해 숨어 살기 위해 건설한 지하 도시로, 지하에 미로처럼 길을 만들고 방과 화장실, 주방, 학교, 교회까지 만들어 생활하였다. 생활하기도 쉽지 않은 곳에서 교육까지 이루어졌다. 인간의 생명력에 경애심이 생겼다. 이런 보스포루스 해협이나 데린구유 같은 오래된 역사와 문화를 가진 세계의 멋진 곳을 깊이 있게 공부하여 나만의 시각으로 소개하는 날을 기대 한다.

행복한 마음을 나눠주자

행복한 내가 되게 해 준 시어머니에 관한 이야기를 몇 가지 해 보려 한다. 내가 첫애를 가졌을 때 시어머니는 친지분들과 함께 철원관사에 오셨다. 시어머니는 큰 주전자에 미꾸라지를 잡아 담아오셨다.

직접 장만하여 추어탕을 끓여 나에게도 주었다. 평상시 입이 짧던 내가 맛있게 먹는 모습을 사랑스러운 눈길로 바라보던 시어머니의 미소는 가슴에 넣어두고 한 번씩 꺼내 본다.

한번은 시큰어머니의 조문을 마치고 나오는데 시큰아버지가 엉뚱한 말로 나를 배웅했다. 나는 언짢았으나 내색하지 못하고 있다 돌아오는 차 안에서 마침 시동생이 물어봐 말할 수 있었다. 그때 시어머니는 듣자마자 바로 다시는 그런 일이 없도록 하겠다고 말해 주었다. 자칫 편협된 시각으로 바라볼 수도 있었는데 다행히 시어머니는 내 마음을 읽어 주었다. 감사하고 행복한 느낌이 스치고 지나갔다. 시어머니는 수의로 내가 시집올 때 시어머니께 해드린 한복을 입고 가셨다. 내가 직접 입혀 드리진 않았으나 시어머니의 마음이 전해졌다.

행복은 많은 부분 사람과의 소통에서 오는 게 아닐까 생각한다. 갈등도 결국엔 소통이 되지 않기 때문에 일어나는 것이니까. 그렇다고 갈등이 일어나지 않을 수는 없다. 이럴 때 나는 나만의 '자아 자각'이란 방법을 사용한다. 갈등이 생기고 이어 화가 나는 등의 감정 변화가 오면 갈등이 일어난 부분과 나를 분리하여 인지한다. 이렇게 하면 해야 할 일을 감정의 동요 없이 할 수 있다. 이건 내가 결혼 후 많은 갈등 속에서도 해야 할 일을 할 수 있었던 방법이기도 하다. 무시와는 좀 다르다. 무시는 외면이지만 자각은 받아들이고 선택하는 것이다. 나와 같은 입장에 있는 주부들에게 사용 해 보길 권한다.

우리는 누구나 태어날 때부터 가정에서 태어나고 생활한다. 물론 가정의 형태는 다를 수 있겠다. 가정의 중심은 여성이며, 여성이 없다면 다음 세대도 존재할 수 없다. 이러하니 여성 주부들은 행복할 권리를 가진 셈이다. 또 나는 행복이란 감정은 일정부분 자신의 선택이라 생각한다. 물론 아주 큰 일이 있을 때 행복한 감정을 선택할 수는 없다. 그러나 일상에서는 자신이 한 선택의 문제로 생각한다. '자아 자각'을 통해 행복한 감정을 맨 위로 오게 세팅할 수 있다. 그리하여 가정의 주인이고 중심인 주부가 행복한 기운을 가족들과 주위에 나눠 주길 바란다.

○ 사회복지사(2015년 장애인의날 국회의원상)
○ 그림책테라피강사
○ 북큐레이터 전문강사
○ 종합예술심리학회 연구원
○ 한국스토리텔링 교육놀이연구소의 연구원
○ 한국자살예방센터 전문강사
○ 국민강사교육협회 대표강사
○ ㈜비에듀케이션센터 파트너강사
○ 저서: 『방울방울 똑똑』,
　　　『죽음을 경험한 사람들(공저)』

이메일 Zlk1211@hanmail.net
블로그 https://m.blog.naver.com/mon4335
연락처 010.8321.0609

문영미

11
세상을 향해 날아보자

만약을 현실로

만약에 그랬었다면 하고 후회하고 안타까워했던 것들을 적어보았다. 삶은 언제나 우리에게 선택의 길을 강요하고 선택하지 않은 쪽을 상상하게 만든다. 다른 쪽을 선택했다면 어땠을까 라고.

사람은 정말 약한 존재이면서 강한 존재이다. '만약 ~ 했었다면' 하면서 상상만 말고 용기 내 가보려 한다. 생각만 하지 말고 현실로 도전해 보자. 걷지 못하던 아기가 서툰 걸음을 내딛다가 넘어져도, 다시 일어나서 한 걸음을 딛고 나아갔기에 걷고 뛰는 단계까지 간다. 어른이 된 지금의 나는 그만큼 노력할 준비가 되어 있는가?

세상을 향해 날아보자

시작

마하반야 바라밀타….

뜻도 모르는 목탁 소리가 아침부터 들리기 시작한다. 시골 아침, 아버지는 늘 레코드 법경을 기상 음악처럼 튼 뒤 문을 전부 활짝 연 후 이불을 싹 걷어가셔서 늘 춥고 시끄러운 소리에 정신을 차리곤 했다. 아버지가 밭에 나가시느라 아침 일찍 깨우는 소리는, 농사로 바쁘신 부모님의 수면에 방해가 될까 봐 창고에서 밤새 책을 보다 늦게 잠드는 날이 많은 나에게는 매우 힘든 시간이었다.

걸어서 한 시간씩 걸리는 학교의 학생 수는 매우 적었고, 6학년이 되었을 때쯤 분교가 되었다. 동네에서 유일하게 여자였던 나에게 혼자 집으로 돌아가는 하굣길은 무섭고 외로웠다. 특히 산속에서 들리던 여인의 곡소리가 지금까지도 공포스러운 기억으로 남아있다. 그런 어린 내게 유일한 기쁨은 도서관에서 책을 읽는 것이었다. 매일 책에 푹 빠져서 살다 보니 자는 시간은 항상 부족했고, 부모님의 눈에는 아침잠이 많은 아이로 보여 아침에 못 일어나 야단으로 시작하는 날이 많았다. 혼이 나면 날수록, 더더욱 책을 위안으로 삼았다.

초등학교 입학 전, 아버지와 처음 버스를 타고 여행을 갔던 적이 있다. 도착한 곳은 2층으로 된 넓은 정원이 있던 친척 집이었다. 처음엔 마냥 첫 여행이 좋았지만, 그 자리가 나를 그 집에 보내기 위해 선보이려는 것을 안 후에는 낯선 곳에 남게 될 것이라는 두려움에 무서웠다. 다행히도 다시 집에 돌아왔지만 두려움과 긴장감과 함께 집에 돌아오는 길에 심한 버스 멀미를 하며 돌아온 기억 때문일까, 아직도 멀미를 심하게 한다.

낮에는 하교 후 바쁜 어머니를 대신해 동생을 돌봐야 했고, 가족들의 밥을 하는 것도 나의 일 중 하나였다. 어머니는 큰 언니는 나보다 더 어릴 때부터 밥을 했다고 늘 비교하곤 했다. 그럴 때면 그때 그 친척분이 나를 딸로 달라며 키워주고, 교육도 다 시켜주겠다고 했을 때 거절한 것에 대한 원망의 마음도 들곤 했다.

그런 나에게 어린 시절 최고의 보물은 둘째 언니가 선물해 준 빨간 머리 앤 시리즈 전집이었다. 한 소녀가 어린 시절부터 성장, 결혼, 자녀들의 성장과 결혼 이야기까지 담겨 있는 책이었는데, 늘 긍정적인 앤을 보며 프린스 에드워드 섬에 가고 싶었다. 그리고 앤처럼 선생님이 되고 싶다는 꿈을 꾸게 되었던 듯하다.

이 글을 쓰면서 무의식 속에 남아있던 '법경'의 뜻을 찾아보았다. 반야(넓고 큰 지혜)를 가지고 세상을 바라보라는 뜻이 있는 줄 지금에서야 알았다.

꿈꾸다

8남매 중 여섯째인 나는 배움에 늘 목이 말랐다. 중학교를 입학하며 자취를 시작하게 되면서 자연스레 집에서 독립하게 되었다. 혼자 사춘기를 보내며 친구들이 자기 엄마랑 싸웠다는 이야기를 들었을 때는 큰 충격으로 다가왔다. 그 시절에도 물론 어머니가 돌아가실 때까지 단 한 번도 어머니와 싸워 본 적이 없었기 때문이다.

중학교까지는 의무교육이지만 그 이후는 아니니 더 이상 학비를 지원해 줄 수 없다고 부모님이 말씀하셔서 일하며 공부를 하기 위해 야간 고등학교에 진학했다. 버스를 타고 고향을 떠나는 길은 유난히도 더 꼬불꼬불하다고 느껴졌다.

큰아버지의 실수로 남자로 출생신고가 되어 있던 나는 동생이 태어난 해에 다시 출생신고를 하여 등본에는 원래보다 두 살 어리게 되어 있다. 그래서 초등학교를 8살에 입학했지만, 서류상으로는 6살에 1학년이 된 것이다.

시골이라 제 나이로 다녔지만, 고등학교 학비를 벌기 위해 시작한 직장에서 서류상 어리게 되어 있다는 이유로 똑같은 일을 해도 다른 친구들보다 월급을 적게 받았었다. 억울한 마음에 집에다 원래 나이로 고쳐 달라고 매달린 적도 있었다. 하지만 재판 등의 비용 문제로 포기할 수밖에 없었다.

선생님이 되고 싶었던 꿈은 현실의 돈 문제 앞에서 좌절하게 되었고, 취업과 대학교 진학이란 갈림길 앞에서 혼자 고민할 수밖에 없었다. 취업은 지금도 대기업으로 알아주는 회사의 추천이 들어왔었던 상황이었는데, 고민에 빠진 나에게 담임 선생님께서 해 주신 말씀이 떠오른다. 정말 하고 싶은 것이 무엇인지 생각해보라고, 시작도 하기 전에 안되는 이유만 생각하지 말고 도전해 보라며 그러면 길이 열릴 것이라고 하신 말에 용기를 내어 대학에 진학하기로 해 야간대학에 진학하게 되었다.

입학시험을 칠 때 혼자 실기 시험을 2시간 동안 보고 시험장을 나올 때 또래 친구들이 부모님과 함께 있는 모습에 부럽고 서러웠다. 언 손을 호호 불며 돌아가는 길은 특히 더 추웠다. 대학은 무사히 합격했고, 일은 추천으로 농협에 근무하게 되었다. 그 시절에는 직장의 월급날이 되면 수기로 컴퓨터에 일일이 손으로 쳐서 작성해야 했는데, 그런 날에는 학교에 못 가기도 했다.

동생이 대학에 진학하게 되어 나처럼 외롭고 힘들게 생활하지 않기를 바라는 마음에 대학 등록금을 보태주었다. 하지만 간호학과가 적성에 맞지 않는다는 소리에 그냥 그런가 보다 하고 넘겼지만, 최근에서야 내게 부담 주기 싫어서 학교를 그만두었다는 동생의 소리를 듣고 마음이 너무 아팠다.

이후 동생은 아이들을 낳고 키우다 다시 공부를 시작했고, '언니, 나 오늘 졸업이야.' 라는 말을 들었을 때는 너무 기쁜 마음이 들었다. 꿈은 늘 간직하고 있다면 늦게라도 기회와 시간이 주어지나 보다.

약속

중학생 때부터 홀로서기를 했기 때문일까? 어린 나이에 결혼했다. 결혼식 전날, 결혼식 다음 날에 제사가 있다고 지낸 후에 신혼여행을 가라고 하셨기에 제사를 지내고 간 제주도는 평일이라 신혼 여행객이 거의 없었다.

연년생으로 찾아온 아이들과 시댁 일로 뭔가를 배우고 시작하는 것은 매우 어려웠다. 컴퓨터와 요리사 자격증을 접수하고 공부를 시작하려 했지만, 일이 많은 시댁에서는 늘 오라고 연락이 왔었다. 아이들이 카시트에 앉는 것을 늘 거부해 어쩔 수 없이 앞뒤로 업고 안으며 위험한 운전을 할 수밖에 없었다. 설상가상으로 멀미까지 하는 아이들에 종종 앞뒤로 푹 젖어버리기 일쑤였다. 출결을 다 채우지도 못하고 끝나버린 시작이었다.

시댁의 제사 준비를 도운 후 친정에 가서 내리 앓기 시작했다. 처음엔 심한 몸살감기인 줄 알아 방문한 개인병원에서는 큰 병원으로 가보라고 했다. 갑상샘 기능이 아예 멈춰버린 것이다. 치료를 시작하고 늘 피곤함에 누워있는 일이 많아졌고, 아이들과 집 분위기도 우중충해졌다. 병원에 가는데 2시간, 돌아오는데 2시간. 장장 왕복 4시간의 거리를 지금까지는 아이들을 데리고 다녔지만, 아이들이 초등학교에 진학하게 되면서 병원 가까이 이사를 해야 했다. 갑자기 변한 환경에 아이들은 원래 살던 대로 다시 이사 가자며 새로운 곳에 적응하느라 힘들어했다.

이러면 안 되겠다. 정신 차려야겠다.

아이들과 약속했다.

엄마가 아픈 모습만 보여서 미안해.

엄마가 일 열심히 할 테니 너희도 열심히 해보자.

아이들을 안고 울며 다짐했다.

다시 시작해 보자고.

자격증을 따기 시작하며 공방에서 수업을 시작했다. 처음은 여러 자격증 준비를 하며 월급을 받지 않고 실습하듯이 아이들을 가르쳤던 게 시작이었다. 장애인 재활센터에도 봉사 수업을 다니다 보니 수입이 생기는 수업으로 연결되기 시작했다. 수업하면서도 배움에 소홀하지 않고 역량 강화에 힘썼다. 아이들도 아파 누워있는 엄마보다 건강히 일하는 엄마가 좋다고 해 집안 분위기도 변했다.

여러 자격증을 따고 학원에서 강의하던 중 교육청에서 주최한 그림책 놀이 지도사과정 교육에 참여하게 되어 자격증을 취득하게 되었다. 이후에 학부모 교육지원단으로 초등학교 3~6학년 학생들의 그림책 관련 수업을 시작하게 되었다.

초등학교에서 교육청으로 해당 수업을 신청하게 되면 각 학교로 찾아가 수업을 진행하는 방식인데, 기존에 하던 민주시민 교육도 함께 접목하여 진행하게 되었다. 점차 중학교 자유학년제 수업도 하게 되어 수많은 초, 중학생 친구들과 만나는 바쁜 날들이 이어졌다.

특히 중학생 친구들은 그림책 테라피 수업과, 그림책과 함께하는 보드게임 수업을 좋아했다. 자유학년제 수업에서 가장 힘들었던 건 생활기록부를 작성하는 일이었다. 학생들 인생에 강사는 아주 짧게 스쳐 지나가지만, 생활기록부를 적어주는 일은 평생 그 아이에게 남는 것이라 한 명 한 명 학생들을 바라봐주며 정성껏 적어주려고 노력했다. 나의 수업이 이 아이들에게 있어 꿈을 펼칠 시작이 될 수도 있기에 더 신중히 관찰 해야 했다.

작가와 강사로의 삶

아픈 것도 잊을 정도로 바쁘게 살다 보니 다시 한번 병마가 나를 질투하듯 넘어뜨렸다. 독성 급성 간염으로 간이식을 준비하라며, 간성 혼수가 올 수 있는 상황이었다. 한 달가량 병원에서 위험한 고비를 넘기며 삶의 기로 앞에서 주변 사람들에게 더 많이 사랑한다고 표현 못 한 아쉬움과 함께 나는 나를 위하며 잘 살았는가에 대해 돌아보게 되었다.

세 아이의 부모로, 한 남자의 아내로 살면서 나에게 무얼 해 주었을까?

나 자신을 사랑해 주고 위해 주었을까?

나를 위한 시간과 요리는?

주어진 생명의 시간을 소중하게 보내기로 했다.

나는 소중하다.

'이겨내야지, 할 수 있어.' 거울을 보며 반복했다. 많은 응원과 사랑으로 퇴원을 할 수 있을 정도로 호전되었다. 이러한 아픔이 있기에, 『죽음을 경험한 사람들』이라는 공저도 썼다. 다시 수업을 시작하며 좋지 않은 일이 찾아와도 그 속에서 좋은 일을 찾을 수 있노라고 말한다.

책은 나에게 친구이기도 하고, 때로는 선생님이 되기도 하며, 웃을 수 있는 시간을 주었고, 지금까지 나의 삶 속에서 크게 차지하고 있다. 『하루』(리비아 로치 글)라는 그림책에서는 행복이와 불행이라는 두 등장인물이 나온다. 불행이는 그 자리에서 울기만 하며 하루를 낭비하지만, 행복이는 더 많은 것들을 보고 느끼려 힘껏 날갯짓 한다. 이처럼 누구나 각자만의 힘듦을 안고 살아가는 요즘 세상에서 나는 작은 기쁨을 찾으려 한다. 처음은 어렵고, 시작하고도 별일이 다 생기지만, 그 속에서 배우고 성장하게 된 스스로를 볼 수 있을 것이다.

대부분 매장이 키오스크로 주문받는 시대인 지금, 어르신들이 스마트기기 관련 수업을 수강하러 오시는 것을 보며 배움은 끝이 없구나 생각한다. 자고 일어나면 업데이트로 바뀐 프로그램들을 빨리 인지해야 하고, 기기별 기능들도 알아야 하는 변화무쌍한 시대에 늘 배우고 준비해 빠른 변화를 쫓아가야 한다.

법정 의무교육은 타지역에서 요청하는 강의가 많아 이동시간이 문제가 되지만, 40에서 50명씩이나 되는 많은 사람이 함께하며 나의 강의를 듣고 즐겨주면 이동시간에 지친 마음은 어느새 사라져 버린다.

또한 그림책 수업을 통해 나도 작가가 되겠노라 말해주던 학생들을 보며 '아, 나의 마음이 확실히 전달되고 있구나.' 라고 생각한다.
참으로 기쁜 감정이다.

그림책 테라피 수업으로 중학생들을 만나 힘을 얻고
초등학생들과 수업으로 만나며 힘을 얻고
전자기기 활용을 위한 스마트 수업으로 어르신들을 만나고
법정 의무교육으로 회사원들을 만나며 강사로서
어릴 때 꿈꾸던 선생님 소리를 들으며 날갯짓하고 있다.

길이 막혀 있어도 돌아보면 길이 있을 것이다.
그 시간 안에서 나에게 많은 것들이 채워져 있을 테니까.
앞으로 가다 보면 넘어질 때도 있지.
넘어져 봐야 일어서는 것을 배우고 한 단계 성장해간다.

버킷리스트 채워가기

나에게 버킷리스트란 스스로와의 약속이다. 작가 되기, 그림책 필사하기, 계속 공부하기 등이 있다. 좋아하고 배움에 목마른 나에게 행복이라는 샘이 된다.

그림책 필사를 매일 하며 블로그에 올리기 시작했다. 보는 이가 없

어도, 담낭 수술 때문에 입원해도 필사를 멈추지 않았다. 지금까지 필사한 그림책이 300권이 넘어가고 있다. 필사하면서 책 내용에서 꿈도 찾아보고, '맞아, 나도 그런 적이 있었지.' 라며 추억에 눈물도 흘리며 필사를 이어가고 있다. 그 속에서 저절로 테라피가 되는 나를 위한 시간이다.

어느 순간부터 늘어나기 시작한 이웃도 삼천 명이 넘어가고 있다. 그분들이 보내는 응원에 항상 감사한다. 필사하며 『방울방울 똑똑』의 그림책 작가도 되었다. 저자 특강을 진행하면서 많은 이들을 만나고 있다. 나의 책으로 수업을 하고, 아이들이 좋아하는 모습에 절로 행복하다. 『죽음을 경험한 사람들』 책으로 나의 이야기를 전하며 삶이 얼마나 소중한지를 말한다. 지금 말고 나중에 해야지 생각할 땐 이미 늦었을지도 모른다. 지금이 바로 도전해야 할 때다. 갑자기 어찌 될지 모르는 삶을 미루기만 해서는 후회만 가득 남을 것이다. 오늘도 버킷리스트를 채워간다.

눈을 감고 생각해본다.
그리고 미소 지어본다.
앞으로도 성장해 갈 나를 스스로 응원한다.

가끔 사람에 치이고 힘들 땐 책 속으로 빠져든다.

책은 나의 친구이고 집이며 웃음보따리다.

풀어도 풀어도 계속 나오는 보물들을 가득 담은 책들과 함께 성장한다.

매일 긍정 확언도 필사해 올린다.

긍정 확언서를 필사하며 긍정을 가득 담아보며 내 삶의 한 부분을 적고 있다.

스스로 얼마나 용기를 내고 애쓰고 있는지는 남들이 알아주지 않아도 나 자신은 알고 있다.

큰 것을 이루려 하기보다 작은 시작과 꾸준함이 습관이 되면 또 다른 나를 만날 것이다. 세상 많은 사람이 나의 이야기를 보고, '나도 저만큼은 할 수 있어.' 라고 생각했으면 좋겠다고 바라본다.

날아보자

꿈꾸던 작가도 되었고 학생들을 가르치는 강사도 되었다. '꿈꾸라, 나와의 약속을 꾸준히 지켜라.' 나 자신에게 반복한다. 알아달라 소리치지 않아도 한 발, 한 걸음 떼기 힘들고 할 수 있을까 망설일 때도 작게라도 시작하니 길이 열렸다.

아이들에게 그냥 아픈 엄마로 기억되기보다 열심히 나를 찾아 나아가는 엄마로 기억되길 바란다. 코로나 후유증으로 고생하며 건강이 나를 막을지라도 내 삶에 책에 나는 주인공이다.

나는 날고 싶다. 강한 바람이 불어와 가고 싶은 방향을 방해하고, 추운 날에는 날개를 펴지도 못하는 날도 있지만 날고 싶다는 꿈을 잊지 않으면 된다. 애벌레는 입에서 실을 뽑아 고치를 단단히 만들어 번데기가 되어 날 준비를한다. 힘들다고 미래를 모른다고 멈추거나, 두려워 고치를 뜯고 나오지 않으면 날개를 단 나비가 될 수 없다.

또 다른 무언가로 나아간다는 건 두려울 수도 있다.
난 늘 실을 뽑거나 고치 속에 갇힐지도 모른다.
뜯고 나오기 힘들면 옆에 손 내밀어도 된다.
응원 소리를 기억하면 된다.

후회는 도전해 본 후해도 늦지 않다. 시작하지 않고 부러워하고 난 저렇게 될 수 있을까 하는 두려움이 아닌 작은 용기 하나 장착하고 세상에 나가보자. 배우고 싶은 것도 보고 싶은 것도 도전해 보자. 주인공인 당신을 응원한다.

O 메종드설렘 학원 전문 인테리어 디자인 기업 대표

이메일　maisonde_2sl@naver.com
인스타그램
https://www.instagram.com/maisonde.joo/
연락처 010-9661-0282

김주현

12

나의 설렘

　내가 닿는 곳엔 늘 설렘이 가득하길 바란다. 오롯이 한길만 20년째 걷고 있다. 덕분에 주거공간, 상업공간, 의료공간, 전시공간 등 안 해본 프로젝트가 없다. 그중에 나를 가장 설레게 했던 공간은 학원이다. 이 공간에는 아이들이 꿈을 꾸듯 무한한 설렘의 감정들이 있다. 배움이 있는 공간. 어린아이들의 희망처럼 지금보다 더 멋진 성공을 위하여 끊임없이 노력할 것이다. 나는 디자인을 잘하고 싶다. 아니 디자인을 잘하기로 했다.

　이 일을 시작할 때부터 책을 쓰는 로망이 있었다. 하지만 생각보다 고단한 일이다. 기상 시간은 매일 아침 5시다. 차에서 보내는 시간이 아까워 일찌감치 현장에 도착해 중독성 강한 달달한 믹스커피 한 잔으로 하루를 시작한다. 체크 또 체크! 구석구석 작업 지시를 마치고 또 다른 현장으로 시동을 건다. 서울, 경기, 전국 방방곡곡 도깨비 같은 일과를 마치고 어둠을 가르며 사무실에 도착한다. 평균적으로 300킬로 정도를 매일 달리다 보면 특별한 능력이 생긴다. 서울에서 목포역까지의 거리는 약 400킬로를 나는 2시간 40분 만에 돌파한 기록도 있다. 알리고 싶다기보다 나의 기록을 남기고 싶다. 누구나 그렇듯이 시작이 어렵다. 나는 그 어려운 시작을 〈나연구소〉 공저 책쓰기와 함께 한다.

나의 설렘

타고난 사주이지만 타고난 엄마는 없다

　1980년생 원숭이띠 정월 초닷셋날 청풍 김가에 빛을 보이며 태어났다. 엄마가 기다렸던 딸이다. 아빠는 청풍 가에 장남으로 건설업을 하셨고, 엄마는 1년에 14번이나 정성 드린 차례상을 준비하는 큰 며느리다. 정말 대단하다. 항상 가족을 위해 희생하는 타고난 엄마라 생각했다. 그리고 장손인 5살 위에 오빠가 있다. 부족함 없이 행복하기만 했던 어느 날, 오빠는 열이 나기 시작했고 전국 방방곡곡 내놓으라는 병원을 다 찾아다녔지만, 정확한 병명을 알 수가 없었다.

　엎친 데 덮친 격이라고 했던가. 그해 대한민국은 외환 위기 IMF가 시작될 무렵이었다. 아빠의 사업은 어려워졌고, 오빠의 병명은 누구 하나 명확히 알려주는 사람은 없었다. 수소문 끝에 만난 한 여인의 말이 나의 시작이다. 뜻하지 않게 세상에 나왔지만, 이것이 내 가족과 연이 되고 운명이 되었다.

 중학교 때쯤 엄마에게서 들은 이야기다. 내가 태어나기 전까지 엄마는 교회를 열심히 다니셨는데, 이날 이후 교회에 갈 수가 없었다고 했다. 오빠의 몸 상태가 계속 안 좋아지자, 엄마는 고모와 함께 점집으로 향했다. 장례식장에서나 날듯한 향냄새가 하얀 연기로 방안이 뿌옇다고 했다. 1m 정도의 옥황상제 할아버지 모형부터 심술궂은 표정의 알 수 없는 모형들이 빼곡했다고 한다.
 용 문양, 연꽃 문양, 다채롭게 화려한 자수가 놓인 한복을 입고, 경극에 나올 법한 화장으로 새하얀 바탕에 사나운 눈화장을 한 여인이 두 눈을 치켜뜨며 엄마에게 말했다. "네 아들 살리려면 딸을 낳아! 그래야 네 아들 살아!" 오래된 탁자 위에 유기 항아리에 수북한 생쌀 가운데 젓가락이 꽂혀있었다. 불경 같은 주문을 외우더니, 젓가락이 움직이기 시작했는데 마술을 부리는 것 같았다고 했다. 나라면 어떤 기분일까? 무서웠을까? 아니면 지금 나처럼 신기하기만 했을까? 의심했을 수도 있는데, 모성애 강한 엄마는 망설임 없이 결정을 내렸다. 아들을 잃고 싶지 않고, 꼭 지켜야만 하니까. 누구보다 간절한 마음이었을 테니까.
 40대 중반이 되어가는 나는 아직 엄마가 아니기에 정확한 마음을 헤아릴 순 없지만, 밑져야 본전 또는 지푸라기라도 잡고 싶은 심정이 아니었을까? 여자로 태어났다고 해서 꼭 엄마가 되어야 하는 건 아니다. 타고난 엄마는 없다. 엄마의 삶을 되돌려보면 안 봐도 훤하다. 가족밖에 모르는 엄마. 내가 엄마가 되었어도 그랬을까? 생각만으로도 엄마가 되기는 아직 두렵다. 내 몸 하나도 이렇게 힘든데, 세상 모든 엄마의 모성애는 대단하다.

  거침없는 직진형 성향을 지녔지만, 가끔은 차가울 만큼 냉정하단 말을 듣는다. 소심함을 자기애로 포장하길 좋아하고, 가끔은 관심종자(관종)란 종종 말도 듣는다. 초등학교 때 바비인형 미미를 만났다. 가위질이 서툴렀던 나는 종이 인형에겐 미안한 일이지만, 미미에게 첫눈에 반해버렸다. 살아 움직이는 것 같았다. 아침 인사를 하고, 학교에서 집으로 달려오면 제일 먼저 미미를 찾았다. 할 말이 많았다. 학교에서 배운 노래와 율동으로 뽐내기하고, 선생님이 벌을 줬다고 고자질도 하고, 간식도 함께 먹었다. 잠잘 때는 물론이고, 방과 후엔 한시도 떨어본 적이 없었다.

  내 방엔 미미 뿐만이 아니었다. 미미의 친구들 8명과 함께였다. 또 다른 나의 가족이다. 미미는 외로운 아이다. 그래서 친구들이 필요하다. 각자의 방을 꾸며줬지만, 미미는 항상 친구들 사이에서 잠을 잤다. 이런 미미가 때로는 안쓰럽다. 나처럼…. 타고난 사주는 머리가 좋고 잔재주가 많지만, 역마살이 있는 난 외로운 사주다.

꿈이 없던 나

배움보다는 돈 버는 일이 우선이었다. 안 해본 아르바이트가 없다. 아르바이트를 하는 이유는 단순했다. 친구들과 여행을 즐기기 위해서다. 우리의 여행은 무계획이었다. 언제 돈이 필요할지 몰랐다. 오후 7시쯤 친구들과 저녁을 먹다가도 제주도에 꽂히면, 다음 날 아침 7시 김포공항에서 제주행 비행기를 타는 일도 종종 있었다. 막무가내지만 이렇게 친구들과 떠나는 무작정 여행이 나에겐 가장 즐거운 일이었다.

이렇게 마음 맞는 친구들도 없다. 친구들과 평생 여행동반자를 꿈꾸었지만, 지금은 각자 삶의 위치에서 엄마로 살아가고, 또 다른 친구는 자영업 사장으로 사느라 시간 맞춰 맥주 한잔하기 어렵다. 그때가 그립다. 국내를 벗어나 아시아를 시작으로 유럽까지 시간이 날 때마다 우리는 여행을 즐기곤 했다. 동남아의 여유 있는 삶과 자유는 나의 로망이 되었다.

가장 기억에 남은 여행은 유럽 오스트리아 빈에서 체코 프라하까지 다녀온 여행이다. 책에서만 보던 유명 건축물을 실제로 보니, 웅장함과 경의로움으로 감탄이 절로 나왔다. 그때만 해도 유럽엔 한국 사람을 찾기 힘들었을 때였는데, 빈에서 체코로 가는 기차 안에서 반가운 한국 사람을 만나게 되었다. 그들은 오페라하우스 같은 공연장을 꾸미는 무대 디자인을 한다고 했다.

뮤지컬이나 연극무대의 연출을 위해서 여러 나라를 돌아다니며 분위기나 건축물을 무대에 그대로 담아내는 것이 그들의 꿈이라고 했다. 그리고 인상적이었던 것은 기념하기 위해 각 나라마다 수저 세트를 수집한다는 그들의 말이 아직도 기억에 남는다. 그들의 목적지는 우연하게도 우리와 같았고, 기차에서 그들과 나눈 이야기가 충분히 나를 설레게 했다. 프라하에서도 유리공예를 하는 한국인을 만났는데, 생각지도 못했던 유리공예 예술인들의 삶이 동경이 되었다.

대학교에서의 배움은 포기했지만, 그 시간이 나에겐 너무 소중한 잊지 못할 시간이다. 그때 친구들과 매번 함께 할 수는 없지만, 누구와도 상관없이 여행하기로 했다. 1년에 한 번은 꼭 세계 속으로 여행하는 것이 나의 영원한 꿈이다. 꿈을 지키기 위해 나는 오늘도 꿈을 꾼다. 인테리어 디자이너로, 현장 관리자로 일하면서 최종 목표는 사장이었다. 돈도 많이 벌겠지만, 근로자 입장은 내가 움직이고 싶은 날에 떠나기란 매우 어렵다. 특히나 나의 직업군은 더욱 그러하다. 그래서 나는 일하는 사장이 되었다. 인테리어란 집단지식인들의 경험과 인격을 통해 노하우(know how)얻는 것이다. 오늘도 나는 진정한 테크니션(technician)이 되기 위해 늘 도전하는 꿈을 꾼다.

디테일

아빠의 추천으로 건설회사에 취업했다. 낙하산이다 보니 바로 본사로 출근하는 게 눈치 보였고, 건설 현장에서 경력을 채울 생각이었다. 준공까지 3년 정도 되는 아파트 현장이었는데, 아스팔트도 아닌 질퍽거리는 찰흙 같은 맨땅 위에 2층짜리 컨테이너 건물이 덩그러니 2동이 있었다. 군데군데 잡초들이 수북하고, 심지어 고약한 하수구 냄새도 났다.

굵고 얇은 다양한 선들 사이로 위, 아래 양옆으로 가지런히 숫자가 적혀있는 종이 다발은 아파트 건축 도면이다. 처음 만난 도면이라는 것은 매우 복잡스럽고, 알 수 없는 기호와 단어들로 채워진 새로운 책이다. 도면이라는 것을 이해하는 데까지 6개월이 걸렸다. 전기도면, 설비도면, 소방도면 등 종류도 많고 건축용어는 들어도 들어도 매칭이 안 됐다. 도면과 현장 용어는 또 다르기 때문이다. 지금은 우리말로 정화해서 사용하고 있지만, 이때만 해도 사장님 방에 재떨이가 있던 시절이기에 일본어로 만들어진 현장 용어가 많았다.

1년 넘게 먼지를 헤치며 출근했지만, 아직 눈에 보이는 건 없었다. 답답했다. 사무실 벽의 완성된 조감도와 투시도를 보며 그 안에 나를 그려보았다. 아파트가 완공되어 입주하는 사람들이 행복해하는 모습들이 가득 그려졌다. 그때 알았다. 나는 성격도 매우 급하고 새로운 것에 움직이는 사람이라는 것을. 눈에 보이는 게 없으니 건축일이 재미가 없었다.

매일같이 일렬로 늘어선 덤프트럭과 수신호 아저씨는 먼지 구덩이 속에서 벗어나는 일이 없다. 항상 그 자리에서 몹시 지쳐 보였다. 일상에 지루함을 느낄 때쯤 새로운 도전을 다짐했다. 건설로 만들어진 도면을 기반으로 한 공간의 뼈대에서 내부를 스타일링 하는 일을 해야겠다고. 인테리어! 지금은 개나 소나 한다는 그 일을 배우기로 했다.

건설회사는 다른 회사에 비해 출근이 1시간 빠르고, 퇴근도 1시간 빠르다. 퇴근 후 뭐든 배울 수 있는 시간은 충분했다. 젊음의 거리 대학로는 말 그대로 대학생들이 많아서 그런지 소극장도 있고, 흔히 배울 수 없는 특별한 학원도 많았다. 그곳에서 인테리어 실무 과정을 배울 수 있는 학원을 찾았다. 학교가 이론 중심이라면, 이곳은 실전에 있는 선생님들의 노하우를 배우는 곳이다.

학원에 다니며 인테리어 디자이너가 되기 위해 꿈을 키우기 시작했다. 삶의 공간에 나는 어떤 메시지를 남길 것인가? 갑자기 어른이 된 것처럼 생각이 많아졌다. 1년 과정이 끝날 때쯤 나의 일터에서 눈에 보이는 변화가 시작되었다. 창문이 끼워지고, 기본적인 내부 마감이 시작되었다. 수많은 작업공정은 나를 설레게 했다. 매일은 아니지만, 머릿속에 그려왔던 일들이 눈에 보이기 시작했다. 새로운 세상이었다.

아빠에겐 매우 죄송한 일이지만, 나는 결심했다. 주거공간 전문 인테리어 회사로 이직했다. 아파트 건설 현장에서 그나마 눈에 익은 단어들과 최소의 공간 동선, 인체에 적합한 치수 개념을 알고 설계를 배우기 시작했다. 열심히 학원에 배운 실무를 뽐내고 싶었지만, 나의 1년은 고작이었다. 동료들과 매일 밤을 꼬박 새우며 진짜 실무를 배우고 있다. 10mm 간격으로 같은 자리에 선(line)을 수백 번 그렸다 지웠다 반복하는 일은 기본이고, 각자가 공부한 얕은 지식으로 토론도 해보지만, 사수에 한마디 말에 도루묵이 된다. 우리는 좀비가 되어갔지만 동시에 즐겁기도 했다. 이렇게 며칠을 고생한 보람은 설계도면 1부가 만들어지는 순간이었다. 뿌듯했다.

내가 그린 도면을 가지고 현장으로 향했다. 진짜는 지금부터다. 전쟁이 시작된다. 나는 무엇을 설계한 걸까? 정확히 맞아떨어지는 치수가 없었다. 업체 사장님들에게 끌려다니며 디테일이란 걸 배우기 시작했다. 이래서 현장경험이 필요한가 보다. 배움은 현장에서 끝나지 않는다. 내 디자인에 대한 디테일을 풀어낼 줄 알아야 한다.

아침 회의가 끝나고 학동(지명)으로 향했다. 그곳엔 매일 신상 자재들로 가득했다. 조명, 가구, 수입 벽지, 철물, 하드웨어, 국내 대리석부터 이태리 타일까지 인테리어의 필요한 모든 것들이 나를 설레게 했다. 마감재의 두께와 모양을 계산할 줄 알아야 디테일이 살아있는 공간을 만들 수 있다. 책상에 앉아서 머리만 쥐어짰던 날들이 주마등처럼 지나갔다. 몸소 체험하고 나니 아이디어가 미쳤다.

갑과 을

20년째 인테리어 디자이너라는 직업을 갖고 있다. 주거공간, 상업공간, 의료기관 등 여러 전문분야가 있지만, 나는 학원 전문 인테리어 디자이너다. 처음 현장 미팅은 정신 똑바로 차리고 집중해야 한다. 클라이언트와 미팅을 마친 후 현장 실측이란 것을 하는데, 학원은 인허가 면적 기준을 반듯이 준수해야 하기에 꼼꼼히 자질(줄자로 치수 확인하는 일)을 해야 한다.

다행히 나는 실측을 잘한다. 그래서 실측 설계 일은 내 몫이다. 10mm 이내의 오차로 치수가 딱딱 맞아 떨어진다. "역시 난 잘해."

살짝 자존감 높여주고, 내가 보았던 그대로 완성되면 성취감은 이루 말할 수 없다. 잠시 나를 칭찬하며, 룰루랄라 구상대로 평면도가 완성된다. 처음 인테리어 설계를 배울 때 공간 구성도 중요하지만, 내 도면은 무조건 예뻐야 한다는 기준을 세웠다. 외벽선과 내벽선 두께 차이, 적당한 실선과 점선 등 수년간 다져진 실력 탓인지 내가 설계한 도면은 늘 만족스럽다.

우리 업계는 슬럼프 주기가 빠른 편이다. 보통의 직장과는 다르게 야근은 기본이고, 출장도 많고, 기획설계가 끝나고 나면 현장 나갈 준비를 한다. 기획설계는 상업공간의 경우 14일~20일 정도 준비를 하고, 공사 기간은 45일~60일 정도 진행한다. 한 프로젝트당 평균 2~3개월 정도로 보면 된다. 나의 슬럼프 주기는 2년 정도였다. 공간에 따라 성향도 맞아야 하는 것도 사실이지만, 가끔은 새로운 배움을 찾기 위해 도전하기도 했다.

나는 새로운 경험에서 설렘을 느낀다. 덕분에 주거(아파트, 주택), 상업(카페, 프랜차이즈), 의료(병원), 교육(학원), 상설 전시까지 다양한 경력을 자랑한다. 상업공간은 주거와는 다른 매력이 있다. 내 공간이 아닌 고객의 공간이 되어야 한다. 클라이언트마다 성향이 다르지만, 고객의 스토리(story)를 녹여 디자인하기로 했다. 쉬운 일은 아니다. 스토리를 만들려면 개념부터 알아야 한다. 이런 기획 단계가 가장 많은 시간을 필요한다.

　우리나라는 유난히 디자인에 대한 보상이 짠 편이다. 왜 그럴까? 나는 도면설계도 멋진 디자인이라 생각한다. 디자인은 카피라 생각하고, 인테리어 시공은 일용직 노가다쯤으로 쉽게 지나친다. 매우 속상한 일이다. 경력이 쌓여갈수록 카피도 능력이라는 것을 몸소 깨닫는 순간이 왔다.

　온라인 시대에 사는 우리는 쉽게 정보를 얻을 수 있다. 예쁜 공간, 멋진 공간, 특별한 공간까지 손가락 몇 번만 움직이면 다양한 것을 볼 수 있다. 본 것은 많고, 갖고 싶은 공간에 비해 시설비용이 비싸다고만 한다. 나는 그들을 이해시키기 위해 조목조목 알기 쉽게 설명하지만, 결론은 비싸다는 말이 돌아온다. 그들은 전문가의 필요성은 간절하지만, 선뜻 결정하기 어렵다. 그들을 위해 나는 어떻게 이해시켜야 할까? 수년간의 노하우 속에서 답을 찾았다.

　공간은 상상만으로 만들면 안 된다. 현실적인 대안을 내놓아야 한다. 돈을 쓰는 사람이 갑이다. 만족할 때까지 최대한 멋지게 보여주기 위해 나를 들들 볶는다. 계약서상 을이 되었지만, 공사를 시작하는 순간부터 갑이 되어야 한다. 그래야 내 것이 된다. 한 번 더 체크하게 되고 갑의 입장에서 냉정해진다.

어느 방송에서 이효리와 이상순의 대화를 보았다. 이상순이 나무 의자를 만들며 의자 바닥까지 사포질하는 것을 본 이효리는 "여긴 안 보이잖아. 누가 알겠어?"라고 물었다. 이상순의 답이다. "누가 알긴, 내가 알잖아. 남이 생각하는 것보다 내가 나를 어떻게 생각하는지가 중요해." 어떤 이는 상순의 말이 자존감 높이는 화법, 자신에게 부끄러운 행동은 하지 않겠다는 뜻으로 해석한다.

반면에 나는 보이지 않는 나무 의자의 바닥이 아닌 원소재인 나무의 보호하기 위한 행동이 아니었을까 생각한다. 거친 나무 표면을 곱게 사포질하고, 오일이나 락카 등의 코팅으로 마감처리를 하고 나서야 우리가 불편하지 않게 오랫동안 사용할 수 있는 근사한 나무 의자가 된다. 만약 나무 의자의 바닥까지 마감처리를 하지 않았더라면 우리가 알지 못하는 사이 갈라지거나 구부러져 처음에 편안했던 의자가 불편해지고 그렇게 멀리하게 된다. 사용하지 않은 물건은 쓰레기처럼 버려진다.

남들이 알 수 없는 부분까지 보아야 하고, 그 사소한 부분까지 체크하는 것이 내 일이다. 지금 당장은 아무렇지 않지만, 남이 알아채지 못한다고 해서 나만 알고 있는 것을 모른 척 지나간다면 진짜 전문가가 아니다. 인테리어 직업을 가진 사람은 주변에 한 다리 건너면 만날 수 있다. 치열한 경쟁 속에서 버려지지 않으려면 그들과 차별화

된 내가 되어야 한다. 진정한 전문가로서 내 일에 대한 설계도 나는 잘하기로 했다.

어떤 공간이든 목적에 맞는 시설은 필수다. 내일에 기준을 단순히 갑과 을의 관계가 아닌 '내 자신'에게 두기로 했다. 조금씩 변화가 시작되었다. 사소한 섬세함이 고객에게 감동을 주었고, 솔직한 표현으로 갑과 을의 관계에서 전문가로서 신뢰가 생겼다.

현명한 왕

학원시장에서 실장이던 나를 대표로 만들었다. 이전에 사업은 실패가 아닌 경험이었다. 인간의 잔인함과 따뜻함, 유혹의 선과 악, 그리고 더러운 돈을 경험했던 나는 조심스럽게 다시 시작해본다. '싱크로율 120%'라는 슬로건을 내걸었다. 내 생각과 감정은 지식의 말로 표현할 순 있지만, 내 머릿속에 그림을 백날 말해도 같은 그림을 그리는 사람을 찾기 어렵다. 근사해 보이는 그림이 아닌 현실 같은 디자인을 제안하고, 최대한 가깝게 만들어 낸다. 기획만 잘한다고 해서 완벽한 공간이 만들어지지 않는다. 만들어 내는 전문 지식인들과 함께하기에 성공할 수 있다. 오랜 시간 경험했고, 잘 지켜내고 있다.

요즘 핫한 박재범의 드라이브 방송에서 그가 남긴 말이다. "KING 내 자신을 왕처럼 여기고, 나의 왕국을 지키고 싶어 손가락 마디에

타투를 새겼다."고 했다. 그와는 만난 적은 없지만 역시나 멋진 사람이다. 나도 현명한 왕이 되어 나의 왕국을 끝까지 지킬 것이다.

신뢰를 바탕으로 고객들이 일을 연결해준다. 흔히들 "평당가 얼마예요?"라는 질문을 한다. 나에겐 가장 대답하기 어려운 질문이다. 평당가로 평가받고 싶지 않는 나는 공간의 가치를 높여 클라이언트들의 삶의 질을 높여주는 공간을 만들고 싶다. 자동차로 예를 들자면 소형차에서 중형차로 갈아타는 사람들은 삶의 질이 높아졌다고 생각한다. 나는 이 말에 매우 공감한다.

성장판 같은 자존감

나는 명분 없는 일은 없다고 생각한다. 직업병처럼 선을 하나 그리는 것에도 이유를 찾는다. 존재의 이유. 명분을 갖고 어떤 일을 결정했다면, 포기하지 말고 끝까지 하길 바란다. 나의 시작이 그러했듯이 나는 나에게서 명분을 찾아 지금까지 내 일을 해내고 있다. 나를 칭찬하는 날에도 명분을 찾아 칭찬하자. 자존감이 배가 된다. 때로는 나에게 실망하는 날도 적지 않지만, 그럴 만했다고 나름대로 명분을 찾아보자. 인정하는 순간 낮아졌던 자존감이 회복된다.

문득 어느 작가의 표현이 생각난다. '성장판 같은 자존감' 다시 책을 꺼내 들었다. 그는 자신에게 기특함과 대견함을 쌓다 보면 쉼터가 되어줄 단단한 집 '자존감'이 될 것이라 말한다. 그리고 '애썼다'라며 스스로를 다독인다고 말했다. 생각보다 단순한 우리는 가끔은 겪어봐야 반복된 실수를 하지 않을 수 있다.

누구나 매번 잘하고, 성공만 하지 않는다. 자존감을 지키려고 하기보다 긍정적인 명분을 찾아 나 자신을 다독여 줄 수 있는 어른이 되길 바란다.

- 손해보험/ 생명보험 판매 자격보유
- 변액보험 판매관리사 자격보유
- 펀드투자 권유 대행인 자격 보유
- 금융컨설턴트 1급 자격증 보유
- 부동산 자산관리 전문가 1급 자격증 보유
- 보슘 약관마스터 자격증 보유
- 前) MG 새마을금고 근무
- 前) 부산경남 대표방송 KNN 라디오
  〈머니마니 쇼〉보험 전문가 고정 출연
- 前) 키움 에셋플래너 수석팀장
- 現) 토스 인슈어런스 지점장
- 네이버 인물 등재

이메일 rudghk7004@hanmail.net
인스타그램
https://www.instagram.com/rudghk7004
연락처 010-9316-7004

최지혜

13
아무것도 하지 않으면
아무 일도 일어나지 않는다

올해 나이 41세, 아들, 딸 두 남매와 조금은 무뚝뚝한 경상도 남자와 함께 알콩달콩 13년째 살고 있다. 올해로 7년 차 보험영업인으로 살아가고 있다. 내 자리에서 어느 정도 인정도 받고 있고, 그에 따른 보상 또한 받으면서 만족하는 삶을 살고 있다. 물론 그전의 삶도 나쁘진 않았다. 평범하지만 안정적인 삶을 살았다. 하지만 그 안정감 속에서 느껴지는 공허함 때문에 늘 헛헛함을 느끼며 살았다.

9년 전 나는 '내가 할 수 있을까?'를 생각하기보다는 '과연 나를 선택해 주는 곳이 있을까?'를 먼저 걱정했다. 하지만 지금은 아니다. 절박함을 인위적으로라도 만들어 100% 능력을 발휘할 수 있게 나를 자극하고 움직이려고 노력한다.

나는 직업 특성상 매일 선택의 순간을 맞이한다. 크게 보면 고객의 선택에 따라 내 한 달의 결과물이 달라진다. 물론 늘 최고의 선택을 받을 수는 없다. 하지만 그것 또한 나에겐 좋은 경험이 될 것이고, 그 경험은 분명 좋은 자양분으로 생각지도 못한 상황에서 발현될 것이라 믿는다. 지금 이 순간에도 많은 사람이 선택을 미루고 있을 것이다. 나는 그런 사람들에게 꼭 말해 주고 싶다. '기회는 놓치면 다시 오지 않을 수 있다. 그러니 지금 당장 움직여라.' 내가 주인이 되는 삶을 살고 싶다면 말이다.

아무것도 하지 않으면
아무 일도 일어나지 않는다

K-장녀로 살아가기

　3남매 중 첫째로 부산에서 태어나고 자랐다. 부모님은 맞벌이로 늘 바쁘셨다, 우리 3남매는 첫째인 나와 7살, 9살 나이 터울이 있다 보니 본의 아니게 내가 두 동생을 자연스럽게 보살폈다. 지금 돌이켜 보면 그때부터 내 마음속엔 누가 시키지 않았지만, 책임감이 자리 잡고 있었던 것 같다. 늘 바쁜 부모님에게 나 하나만이라도 걱정을 끼쳐 드리고 싶지 않았고, 가급적이면 혼자서 할 수 있는 건 스스로 하려고 했다.

　그래도 부모님은 바쁜 와중에도 우리 3남매에게 지극정성이었다. 특히 엄마는 다른 건 몰라도 아침밥만큼은 꼭 손수 차려 주셨다. 온 식구가 유일하게 같이 얼굴을 볼 수 있는 밥시간을 소중히 생각하셨다. 아빠는 무뚝뚝하셨지만, 그 속에서도 자식을 사랑하는 마음 하나만큼은 다정하셨다. 장난기가 많은 아빠는 우리 3남매와 잘 놀아주셨고, 우리가 원하는 건 다 해주려고 노력하셨다. 하지만 예의에 벗어나는 행동을 하면 불같이 화를 내셨다.

그래서 지금도 난 남에게 싫은 소리 듣는 걸 싫어하고 다소 답답해 보일 정도로 예의범절에 신경을 쓴다. 고등학교 때까지는 착한 아이 콤플렉스가 있는 것처럼 살았다. 아빠는 회사에 다니셨지만, 엄마는 가게를 운영하셨기에 주변 상인들에게 우리 3남매의 잘못으로 인해 부모님이 싫은 소리 듣게 하고 싶지 않았고, 저 집 아이들은 참 착하게 컸다는 소리를 듣게 하고 싶었다.

내가 모범을 보이고 잘하면 자연적으로 동생들이 따라올 거라 생각을 했고, 바쁘신 부모님을 대신해 동생들에게 잔소리도 많이 했다. 다행히 동생들은 지금까지도 별다른 불만 없이 내 말을 잘 따라 준다. 그 점은 시간이 지난 지금도 너무나 고맙고 감사하다.

나는 친구들과 함께 있는 걸 참 좋아했다. 그 시간만큼은 해방이 된 기분이었다. 그 누구의 딸, 누나, 언니가 아닌 오롯이 나로서 시간을 보낼 수가 있었기 때문이다. 강한 책임감으로 혼자서 모든 걸 하려고 한 내 성격이 만든 힘듦이었지만, 친구들과 한바탕 웃고 떠들고 나면 내 안에 있던 무언가가 시원하게 씻겨나가는 기분이었다. 긍정 에너지가 많은 친구들과 아직도 좋은 관계를 유지하고 있다. 나에겐 보물 같은 친구들이다.

남의 시선 남의 인생을 살려고 하지 말고 나를 위해 살자

　나의 20대는 이렇다 할 꿈이랄 것도 없이 수능점수에 맞춰 대학에 진학하고, 하루하루 주어진 시간에 만족하는 것처럼 그렇게 살았다. 그러다 4학년이 되었을 때, 부모님이 어설픈데 취직할 생각하지 말고 공무원 시험공부를 하라고 하셨다. 그 당시엔 주변에 먼저 시작한 친구들도 많았고, 안정적이고 평생직장인 공무원도 할 수만 있다면 나쁘지 않다는 생각에 아무런 고민 없이 예라는 말을 하고 자의적 타의적으로 학원을 등록하고 그렇게 공부를 시작했다.

　하지만 하루 12시간 이상을 학원에서 고3 수험생처럼 공부한다는 건 쉬운 일이 아니었다. 수험생에게 주말에 쉬는 건 사치였고, 늦잠 자는 것도 눈치가 보였다. 1년을 공부하고 첫 시험을 쳤다. 감을 한번 잡아보자는 마음으로 친 시험이었지만 시험이라는 게 치고 나면 은근히 기대하게 되어 있다. 두근두근한 마음으로 결과를 기다렸는데 결과는 당연히 '불합격'이었고 부모님은 괜찮다며 다시 마음 잡고 준비하면 붙을 수 있다고 위로를 하셨다.

　괜스레 부모님께 죄송하고 눈물이 났다. 이건 시간을 오래 끌어서 될 일이 아니었다. 하루라도 빨리 합격해서 탈출하자는 마음으로 친구들과 연락을 끊고 그렇게 1년을 미친 듯이 공부만 했다. 그리고 또다시 결전의 날이 다가왔다. 나름 자신있었다. 이번엔 꼭 합격해서 보란 듯이 부모님께 합격증을 안겨 드리고 학원 사물함을 정리하리라 다짐했다. 하지만 내 생각과는 달리 보기 좋게 떨어졌다.

이번엔 은근히 부모님도 기대하신 눈치였는데, 보기 좋게 떨어지고 나니 부모님 얼굴을 제대로 볼 수가 없었다. 그땐 정말 죽고 싶다는 생각이 들었다. 나에겐 희망이라는 것이 없는 것처럼 느껴졌고, 아무것도 하고 싶지 않았다. 부모님은 며칠간 내 눈치를 보시다가 지금까지 공부한 게 아까우니 다시 한번 시험 준비를 하는 게 어떠냐고 하셨다. 그 순간 내가 하고 싶은 건 이게 아닌데 라는 생각과 함께 숨이 막혀왔다. 일난은 조금만 너 생각해보겠냐고 하고, 그렇게 부모님과 아무런 대화 없이 하루하루를 보냈다.

그러다 우연히 TV를 보는데 푸드 스타일리스트에 관한 방송을 하고 있었다. 한참 동안 멍하니 방송을 보다가 '바로 저거다 저걸 하고 싶다. 막연하게 하고 싶다.' 는 충동이 생겼다. 그땐 무슨 용기가 있었는지 인터넷으로 자료도 찾아보고, 관련 학원이 있는지도 열심히 찾았다. 하지만 지방에는 배울 수 있는 학원이 없었다. 그나마 이름이 알려진 학원들은 전부 서울에 있거나, 아니면 일본으로 유학 가는 시스템이었다. 어디서 그런 용기가 생겼는지 나는 모아둔 용돈으로 무작정 일본어 학원을 등록했다.

　처음으로 내가 하고 싶은 것을 찾았고, 즐거워하는 나를 발견했다. 버스 유리창에 웃고 있는 내가 비치는데, 너무나 행복해 보여서 내 얼굴이지만 보기가 좋았다. 어디 가냐고 물어봐도 그냥 친구 만나러 간다고 하고, 다시 시험 준비할 거냐고 물어봐도 아무런 대답이 없는 내가 답답하고 수상해 보였는지 엄마가 이리저리 내 방을 둘러보다 일본어학원 책이랑 학원 등록증을 발견하셨다. 그날 저녁 부모님은 도대체 무슨 생각을 하고 다니냐고 다그치셨다.

　어디서 그런 용기가 생겼는지 처음으로 하고 싶은 게 생겼고, 그걸 위해 공부하고 유학 가고 싶다고 했다. 부모님은 하고 싶은 게 뭐냐고 물으셨고, 하고 싶은 게 푸드 스타일리스트라고 말씀을 드렸더니 아빠는 생소한 직업에 그게 돈벌이가 되냐고 하시며 말도 안 된다고 하셨다. 그건 여유가 있을 때 취미로 하는 거지 절대 직업이 될 수 없다고 꿈도 꾸지 말라고 하셨다. 그땐 지금처럼 요리에 관대한 세상은 아니었다. 힘들고 조금은 냉소적인 시선으로 보는 사람들이 많았다. 지금 생각해보면 음식 사진을 찍는 일을 직업으로 한다고 하니 부모님 시선에서는 답답하고 한심해 보이셨을 것 같다.

　부모님과 얼굴을 마주하지 않고 대화도 없이 그렇게 며칠을 보냈다. 아빠는 조용히 나를 부르시더니 일본 유학도 보내줄 수 없고 더

군다나 그 일을 하라고 허락해줄 마음도 없다고 하시면서, 서로가 허용할 수 있는 선에서 타협점을 찾자고 하셨다. 그러면서 내 생각을 정리해서 이틀 뒤 다시 이야기하자고 하셨다. 난 내가 진짜 하고 싶은 게 맞는 건지 아니면 시험 준비를 다시 하고 싶지 않아 도망갈 적당한 핑곗거리가 필요했던 건 아닌지 진지하게 생각을 하게 되었다.

하고 싶다는 생각은 막연하게 있지만, 또 그것을 위해 도전하고 부딪혀 싸울 자신은 없었다. 보란 듯이 보여줄 패기와 그것을 위해 용감하게 뛰쳐나갈 용기 또한 없었다. 무언가 하고 싶은데 부모님 때문에 못했다는 멋들어지는 핑계와 부끄럽지만 내 마음 한편엔 도망갈 구실이 필요했다는 걸 깨달았다. 이틀 뒤 난 부모님께 내 속마음을 털어놓으면서 그렇게 명분 없는 싸움을 끝냈고, 내 이야기를 다 들으신 부모님은 공부를 정리하고 취업 준비를 하라고 하셨다.

이때부터였다. 흔히들 말하는 천성을 바꾸기 위해 타인의 시선이나 말보다는 내가 원하는 게 무엇인지 좀 더 귀 기울이고 나 자신을 더 챙기기 위해 노력했고, 싫고 좋음을 분명히 표현하려고 노력했다. 그렇게 표현해도 세상은 나를 욕하지 않고 나쁘다고 질책하지 않는다는 걸 알았다.

다행히 첫 직장은 생각보다 빨리 구할 수 있었다. 중소기업건설사 사무실이었는데, 첫 직장은 결혼으로 퇴사하기 전까지 나의 20대를 함께한 곳이기도 하다. 그렇게 평범한 직장 생활을 하다 나를 7년간 짝사랑한 지금의 남편을 만나 29살에 결혼을 했다. 8살의 나이 차이를 극복하고 호기롭게 시작된 나의 결혼생활은 짧은 신혼생활을 끝으로 첫째 아들을 임신하면서 그렇게 엄마라는 회사로 다시 출근해야만 했다.

선택했다면 바로 행동해라

주부로서 엄마로서 생활은 행복감과 우울감을 동시에 가져다주었다. 특히 엄마로서 나는 서툴기 짝이 없었다. 모든 게 처음인 나는 아들이 울면 같이 울었고, 웃으면 같이 웃었다. 그렇게 전쟁 같은 1년을 보내고 차츰차츰 초보 엄마 티를 벗기 시작했다. 그 후 1년 뒤 나는 예쁜 딸까지 임신을 하고 완전한 엄마가 되어갔다. 아내와 엄마로서의 나는 잘 적응하고 있었지만, 문득 나라는 사람은 없는 것 같아 상실감을 느끼고 있었다. 어느 날 문득 거울을 보는데 낯선 내 모습이 보였다. 당차고 밝았던 난 없고 낯선 여자가 서 있었다. 그 당시 나의 자존감은 바닥을 치고 있었다.

그러다 우연한 기회에 MG 새마을금고에 지원할 기회가 주어졌다. 1차 서류전형에 합격하고 2차 면접까지 당당히 합격했다. 감사하게도 남편과 시어머님의 든든한 지원에 인생 2막에 도전장을 내밀 수 있었다. 하지만 막상 시작해 보니 말처럼 쉬운 일은 아니었다. 은행 업무 자체가 처음이다 보니 허둥지둥 실수도 많았다.

한번은 출금 업무를 잘못해서 돈을 더 많이 인출 해 드린 적도 있었다. 그날 마감 시재를 맞추는데 잔액이 맞지 않아 당황스러워하고 있는데, 오후에 출금해 간 그 고객님이 집에 가서 보니 본인이 출금 신청한 금액보다 더 많은 금액을 받았다고 하시며 직접 금고까지 가져다주신 웃지 못할 해프닝도 있었다.

그렇게 1년을 열심히 다니다 위기가 찾아왔다. 다름 아닌 여자 과장과의 트러블이었다. 나만 보면 정말 못 잡아먹어서 안달 난 사람 같았다. 사사건건 시비였다. 본인보다 1분이라도 먼저 퇴근이라도 하면 다음 날 바로 면전에 대고 비아냥거렸다. 원래 성격이 까칠한 사람이어서 이해하려고 노력하려 했지만, 시간이 갈수록 심각하게 퇴사를 생각할 정도로 같은 공간에 있는 게 너무나 힘들었다. 한편으로는 이렇게 포기하고 다시 주부로 복귀를 하면 두 번 다시 이런 기회가 없을 것 같아 쉽게 떨치고 나올 용기가 나질 않았다.

그러던 어느 날, 평소 알고 지내던 지인에게서 점심이나 먹자는 연락이 왔다. 이런저런 근황 이야기하며 수다를 떨다가 요즘 직장 상사 때문에 너무 힘들어 퇴사까지 고민하고 있다는 이야기까지 하게 되었다. 그때 지인이 나에게 조심스럽게 자기와 일을 해볼 생각이 없냐고 물었다. 그래서 '어떤 일을 말씀하시는 거죠?' 하고 물었다. 그때 지인이 잠시 멈칫하시더니 보험 일을 같이해보자고 하는 거다. 그래서 난 단번에 '괜찮습니다.' 하고 단호하게 거절하고 식사 자리를 정리하고 나왔다.

그 당시 난 보험업에 대한 편견이 있었다. '은행을 그만두고 보험 일을 하자고? 참나, 나를 뭘로 보는 거야.' 어이가 없어서 집으로 돌아오는 내내 기분이 상해 있었다. 그 뒤로도 지인은 2달 이상을 나에게 연락을 하고 잊을 만하면 문자를 보내서 날 설득하기 시작했다. 워낙 강력하게 말해서 마지못해 사무실까지 방문하게 되었고, 그 자리에서 면접까지 보게 되었다. 막상 지점장님 면접까지 보고 나서 흔히들 알고 있는 엄마 친구 보험설계사와는 다른 전문적인 직업이라는 느낌을 받았다. 나는 그날 그렇게 마지못해 나간 자리에서 내 인생을 바꿔버릴 선택을 하게 되었다. 남편과 양가 부모님을 한 달 이상 설득을 한 끝에 보험영업을 시작하게 되었다.

나는 현재 보험영업인으로 살아가고 있다

영업을 시작하고 수많은 거절과 부정적인 시선을 받았다. 심지어 지인들조차도 멀쩡한 직장을 그만두고 영업을 시작한 날 우려와 걱정을 넘어 이상한 눈으로 바라보기도 했다. 심지어 나의 전화를 피하는 주변 사람들도 많았다. 그래서 난 영업을 시작하면서 나만의 철칙을 세웠다. '아무리 힘들어도 지인에게 영업하지 않겠다, 그들이 날 찾게 하겠다, 부정적으로 바라보는 그 시선을 반드시 바꿔 놓겠다.'고 말이다.

정말 일에 미친 사람처럼 살았다. 보험영업이 처음인 나에겐 전문적인 지식이 턱없이 부족했기에 부지런함을 무기로 내가 필요한 곳이라면 어디든 해남 땅끝마을부터 전라도 충청도 등 지역 구분 없이 기쁜 마음으로 다녔다. 신차를 구매해서 1년에 6만 킬로 이상을 탈 정도로 앞만 보고 달렸다. 주말에는 각 보험의 특약 공부, 약관 공부를 하면서 부족한 전문지식들을 하나씩 채워 나갔다. 그렇게 앞만 보고 2년을 미친 듯이 달린 덕분에 나는 점점 능력을 인정받기 시작했다.

2년이 지난 어느 날, 스카우트 제의가 들어왔다. 지금의 회사보다 더 큰 곳에서 큰 꿈을 꾸고 싶었기에 과감하게 이직을 결심하고 회사를 옮겼다. 이곳은 내가 지금까지 본 보험회사와는 확실히 달랐다. 일에 미쳐 있는 사람들로 가득 차 있었다. 이곳에서 난 우물 안 개구리였다. 그들은 주말에도 기본으로 야근을 했고 주. 야 구분 없이 일 중독자처럼 일했다. 내가 고객이라도 이렇게 열심히 일하는 전문가에게 맡기고 싶다는 생각이 들 정도였다.

그런 분위기가 내 심장을 요동치게 했고, 이곳에서 이들과 함께 일하는 내가 너무나 자랑스러웠다. 뜨거운 열정으로 일을 한 결과 그토록 하고 싶었던 KNN 라디오 보험방송까지 출연하게 되었다. 대본작성과 녹음 테스트까지 마치고 고정출연이 확정되었을 때는 온 세상을 다 가진 것처럼 행복했다. 보험영업을 시작하고 처음으로 남편이 날 인정해주는 순간이기도 했다. 원래 감정표현을 잘하지 않는 사람이 '우리 마누라 대단하다, 고생했다.' 라고 말하면서 내 등을 토닥여 주는데, 그동안의 내 노력을 인정받고 보상받는 느낌이었다.

그렇게 나의 보험영업 전성기가 시작되었다. 정말 열심히 살았다. 열심히 산만큼 보람도 컸다. 고객님들의 보험을 정확하게 분석하고 잘못된 보장을 바로 잡아드리고 의미 없이 줄줄 새던 보험료까지 막아드리면 난해한 수학 문제를 푼 것처럼 희열과 성취감이 생겼다. 그리고 고객님들이 팀장님 덕분에 보험에 대한 나쁜 인식이 사라졌다며 제대로 된 보장을 준비할 수 있어서 고맙다, 감사하다고 하시며 가족분들을 소개해주실 때는 보람과 막중한 책임감이 나도 모르게 생긴다.

얼마 전, 오랜 기간 인연을 맺고 있는 고객님께 연락이 왔다. 최근에 보이스피싱을 당했다고 했다. 자녀들에게는 말도 못하고 답답하고 억울해서 어디다 하소연할 곳이 없어서 연락했다고 하시면서 평

평 우셨다. 어떻게 위로를 해드려야 좋을지 몰라 어머님이 속 시원하게 우실 수 있도록 한참을 아무 말 없이 수화기를 붙잡고 있었다.

 10여 분이 흐른 뒤 어머님은 이렇게 울고 나니 속이 좀 시원해졌다고 하시며 고맙고 미안하다고 했다. 나와 이런저런 이야기를 하고 나니 복잡했던 마음이 한결 편해졌다며 사람 한 명 살리셨다고 하셨다. 내가 하는 이 일은 시간이 지날수록 사람 대 사람으로 정을 나누고 마음을 나누는 사이가 되는 그런 직업인 것 같다.

 보험이라는 눈에 보이지 않는 무형의 상품을 오직 '나'라는 사람을 믿고 계약해 주셨기에 고객님 한 분 한 분이 소중하고 감사하다. 그렇기에 믿고 의뢰해준 고객님들을 위해 최선을 다할 것이고 든든한 삶의 동반자가 되려고 노력할 것이다.

지금의 자리에 안주하지 않고 끊임없이 도전할 것이다

 나는 지금도 계속 성장해 나가는 중이며, 나의 노력은 현재진행형이다. 지금도 앞으로도 계속 그럴 것이다. 영업은 한계가 없다. 내가 생각하는 모든 것을 할 수 있고, 하는 만큼의 보상도 따라온다. 영업의 매력을 꼽자면 그것은 당연히 일한 만큼 보상을 받을 수 있다는 것이다. 영업을 하는 모든 사람은 공감할 것이다. '제대로 된 보상을 받지 못한다는 것은 내가 일을 안 한 것이다.'라는 걸 말이다.

만약 미친 듯이 일했는데 결과가 좋지 않다고 하더라도 그 노력을 지속한다면 멀지 않은 시간에 반드시 결실을 맺을 것이다. 그게 바로 영업이다. 많은 사람은 내가 2달에 한 번씩 새로운 교육을 듣기 위해 교육 수강을 하는 걸 이해하지 못한다. '지금 하는 부분을 더 열심히 하는 게 맞지 않을까? 지금 일도 벅찬데 다른 일을 또 배운다면 집중이 될까? 이도 저도 안 되는 것 아니냐?' 라며 말이다.

직장 생활, 영업, 사업 등 여러 분야를 보면 각 분야의 뛰어난 성과를 내고 있고, 인정받는 사람들은 저마다 본인의 목표가 있고, 경험에 의한 확실한 기준이 있다. 본인이 하는 일에 있어서 이보다 단단한 중심은 없다. 앉으면 눕고 싶고, 누우면 자고 싶은 것이 본능이지 않은가? 그러다 보면 어느새 목표한 바를 잃고 환경에 적응하게 되는 게 인간이다. 나는 앞으로 계속 나아갈 것이다.

스스로 한계를 만들지 않고, 나의 무한한 잠재력을 믿으며 꾸준히 성장할 것이다. 그러다 보면 어느새 정상의 자리에서 누구보다 달콤한 열매를 먹고 있을 것이다. 나의 최종목표는 관리자가 되는 것이다. 아직은 많이 부족하고 가진 능력보다, 채워 나가야 할 부분이 더 많다는 것도 잘 알고 있다. 그렇기에 실전 업무로 경험치를 쌓고, 새로운 교육으로 지식을 쌓으며 내 꿈을 향해 한 발짝, 한 발짝 걸어가고 있다.

나는 말의 힘을 믿는다. 생각은 말이 되고 말은 현실이 된다. 나는 사무실에 출근하면 오늘 해야 할 것들을 다이어리에 적어 놓고 하루를 시작한다. 그리고 스스로에게 주문을 외운다. '나는 반드시 잘 할 수 있다. 나는 반드시 해낼 것이다.' 이렇게 주문을 외우고 하루를 시작하면 정한 목표를 달성하기 위해 내 안의 열정을 끌어올리게 되고, 움직이게 된다. 나의 경험상 말이 가진 에너지가 마법을 만들어내고, 반드시 할 수 있고, 해내기 위해 노력하게 된다.

어떤 삶을 살아갈 건지는 오롯이 나의 선택이다

지금 이 순간에도 많은 사람이 선택을 미루고 있을 것이다. 나 또한 예전에는 그랬다. 막연한 두려움과 스스로에 대한 자신이 없었다. 나는 그런 사람들에게 꼭 말하고 싶다. '나' 필자를 보라! 나 역시도 경력단절에 두 아이의 엄마, 주부로 살았다. 막상 말처럼 세상 밖으로 나오는 것이 쉽지 않다는 것도 잘 알고 있다.

하지만 나비효과처럼 엄마인 내가 변하니, 우리 가족이 변했고, 세상을 바라보는 나의 시선 자체가 변하기 시작했다. 그러면서 나의 말과 행동에도 당당함이 묻어나기 시작했다. 나는 지금 우리 아이들과 남편에게 당당하고 멋진 엄마이자 아내이다.

보잘 것 없지만, 나의 도전기와 이 책에 나오는 훌륭한 분들의 이야기를 통해서 도전할 용기와 실천하고 싶다는 마음이 조금이라도 생겼다면, 현재의 삶에 안주하지 말고 움직이고 도전하라고 말해주고 싶다. '기회는 놓치면 다시 오지 않을 수 있다.' 그러니 지금 당장 움직여라, 내가 주인이 되는 삶을 살고 싶다면 말이다. 우리 인생의 주인공은 그 누구도 아닌 바로 '나' 자신이다.

완벽하게 준비될 때까지 기다리지 말고 먼저 시작하고 행동하라. 시작하면서 채워 나가도 늦지 않다고 생각한다. 하지 않아야 할 변명만 늘어놓으며 지금의 삶에 안주하면서 어제와 똑같은 삶을 살기보단, 반드시 해야 할 이유와 명분을 찾아서 인생을 차근차근 변화시키면서, '누구의 아내', '누구의 엄마'가 아닌 오롯이 내가 주체가 되는 '나' 자신에게 당당하고 멋진 삶을 살아가길 바라본다.

이메일　pinkromance1004@naver.com
블로그　https://blog.naver.com/lattecorp
연락처

정세현

14
일어나 같이 가자꾸나, 나의 인생아

　마음을 수련하는 수행자로 명상을 통해 성찰하며 연어와 같이 고향으로 돌아와 자연 안에서 위로받는 평범한 삶을 사는 사람입니다. 자연과 바다를 벗 삼아 소소한 여행을 즐기며 카페를 투어 하며 '소박한 일상' 이라는 블로그를 통해 일상을 잔잔하게 소개해 드리고 있습니다.

일어나 같이 가자꾸나, 나의 인생아

어부의 딸

우주로 가는 길, 전남 고흥의 시골 바닷가 마을에서 태어나 그곳에서 자랐다. 초등학교는 벌레 천지의 숲속 길, 거센 파도와 바위가 큰 험난한 바닷가 길로 한 시간을 1학년부터 걸어 다녀야 했다. 중학교는 버스가 있었으나 고장 나기 일쑤여서 근 2시간은 족히 걸어야 할 때가 많았다. 여름철 뙤약볕과 장마, 한겨울 추위에도 마찬가지였다. 자연스레 자연과 익숙해지고 바닷가와 모래밭이 놀이터이자 스케치북이 되고 사색하는 곳이 되었다.

흙길로 다니는 아침 6시 첫차를 타기 위해 산속 언덕길을 달려 다녀야 했고, 학업을 마치고 저녁 6시 반 막차를 타고 귀가하면 저녁 7시가 훨씬 넘어 겨울에는 칠흑같이 어두운 시간에 도착하였다. 길도 전기도 안 좋았던 그 시절 생각하니 어떻게 다녔는지 매일 담력 훈련을 한 듯하다.

 아버지는 삼치잡이 1세대인 할아버지의 장남으로 선산을 물려받아 농어업으로 생계를 이어가셨다. 어머니는 장녀와 큰며느리로 성년에 접어들 즈음 중매 결혼을 하여 일찍 돌아가신 시부모님을 대신하여 남편의 4남매와 당신의 자녀 6남매, 일찍 하늘나라 간 남동생의 3자녀와 친정엄마까지 돌봐야 하는 천하무적 강한 여성이셨다. 두 분의 그 고충이 얼마나 크셨을지 감히 가늠키 어렵다. 훗날 받게 된 효부상은 어머니에게 영광이 아닌 희생의 대가라 보상이 되긴 어려웠다. 조부모님 계실 때는 삼치잡이 어업으로 풍족하게 살았다지만, 아버지가 성년이 되지 않았을 때 할아버지께서 돌아가시고 점점 가세가 기울어 형편이 어려워졌다.

 자급자족으로 살아가는 농어촌이라 봄 여름 가을에는 부족한 일손을 돕고, 겨울에는 땔감을 구하며 근근이 생활을 이어나갔다. 가난으로 인해 언니들은 중학교 졸업과 동시에 사회로 나가야 했고, 오빠들은 우등생이었지만 대학 진학을 하지 못하고 사회생활을 시작해야 했다. 그들 속에 얼마나 많은 한이 있을까 짐작해 본다.

 아버지는 삶의 고단함과 괴로움을 술로 푸셨고, 어머니는 아버지께 잔소리를 매일 늘어놓았다. 해야 할 일은 많은데 더 많은 일을 하지 않으니 답답해서 그러셨으리라 생각한다. 엄마는 황소처럼 일하는 사람이었다. 초저녁 잠깐 잠을 이루고 밤이나 새벽이나 쉼 없이 일해도 살림은 나아지지 않았다. 식구가 많으니 왜 그러하지 않았을까?

사춘기 시절, 견디기 힘든 나날이 계속되었다. 학교에서는 친구들 고민도 들어주고 명랑하였으나 집에만 오면 말없이 지냈다. 아침을 거르고 첫차를 탔고, 학업을 마치고 집에 돌아오면 저녁 식사도 거른 채 내 방으로 곧장 갔다. 그 시절 내겐 학교가 가장 편안한 곳이 되었다. 그 시절 고마웠던 친구와 친구의 부모님이 아직도 잊히지 않는다. 집으로 돌아오는 길은 마음이 무거웠다. 점점 사나워지는 아버지가 너무도 무섭고 싫었다. 술을 이겨내지 못하였고 자제심을 잃으니 술만 드시면 다른 사람이 되어가셨다. 평소에는 말수가 적고 일만 하셨다.

모든 것에서 벗어나고 싶었으나 어린 나는 선택할 수 있는 게 하나도 없었다. 내게 삶은 찌들고 괴롭기만 한 막힌 동굴 속처럼 비쳤다. 행복함이란 찾을 수 없는 시간의 연속이었다. 정말이지 할 수만 있다면 뛰쳐 나가고픈 심정뿐이었다. 하지만 모자란 생각이었다. 객지 생활을 하며 그게 얼마나 큰 그늘이 되었는지 깨닫게 되었으니 말이다. 부족한 것만 보며 채우려는 것보다 주어진 것에 만족하며 살아야 함을 알았다.

참 철없는 생각이었다. 얼마나 힘드셨을까? 지금 생각해도 한없이 먹먹하다. 그 시간을 살아내신 것만으로도 두 분은 인정받아 마땅하다. 성년이 되고 부모가 되고 불혹의 나이를 지나니 깨진 조각들처럼 흩어진 기억과 시간이 하나씩 맞추어져 가며 그분들의 고된 삶을 충분히 이해하게 되었다. 가정환경과 성장배경이 한 사람의 인생에 얼마나 많은 부분을 차지하게 되는지 또 그 고통으로 인해 얼마나 방황하고 힘든 시기와 괴로움을 안고 살아가는지 몸소 알게 되었고, 삶이 주는 깨우침으로 더 많은 것을 이해하고 보듬으며 살아가게 되었다.

꿈 그 허탈함

나 자신을 찾고 싶어진 순간 세상이 궁금했다. 아니 바로 알아야 했다. 사회를 늦게 알기 시작한 그때부터 친구와 술과 드라이브를 좋아했다. 원 없이 사람을 만나고 알아가는 것을 좋아했다. 일은 일대로 좋아해 푹 빠지게 됐다. 친구들과 동료와 선후배와 삶을 이야기하고 시간을 보내는 일은 나름의 즐거움을 주었다.

젊음이 있으니 일이 끝난 후 회식과 늘 함께였다. 지금이야 세상이 좋아져 법정 노동 시간이 있지만, 그 시기 아침 일찍부터 출근은 기본, 야근에 새벽 퇴근도 허다했다. 쉬는 날도 일주일 1번, 쉴 시간마저 부족하여 다른 여가를 보낼 시간이 전혀 없었다. 근성이 지는 걸 싫어해서 일 욕심도 많은 편이었다.

　IMF 때 동기들이 모두 그만두고 퇴사할 때도 난 IMF가 한참 지난 후 가장 늦게 퇴사했고, 그 모진 시간을 다 버티었다. 이 시기에도 근 1년여 새벽 두세 시에 퇴근하였고 어쩌다가 네다섯 시에 퇴근하기도 하니, 잠잘 시간이 없어 집에 다녀오는 시간마저 아끼기 위해 휴게실에서 잠시 눈을 붙이기도 했다. 금융위기라 절반에 가까운 사원들이 정리해고되고, 일손이 부족하니 새벽까지 근무도 당연시되며, 침묵하며 일만 하던 시간이 지나갔다. 가장인 선배들의 한숨을 보았다. 가장이니 원하는 대로 하지도 못하고 온갖 일이 있어도 연거푸 애꿎은 담배만 태우던 모습들이 아직도 기억 속 저편에 머물러 있다.

　1998년 아버지가 작고하실 적에도 새벽 2시가 넘어 회사로 걸려 온 전화를 받고 믿기지 않아 눈물조차 나오지 않았다. 그간 원망하는 마음이 커서 그런지 전혀 믿기지 않았다. 그러나 살아가면서 이해하게 되고 난 후 많은 눈물을 흘려야만 했다. 미워도 하고 그리워도 하면서 애잔함이 물결처럼 밀려오는 순간들이 많았다.

　퇴사하기 한참 전 회사 노조에 가입한 이유로 야간업무를 맡게 된 적이 있었는데, 노조원 중 한 명이 나를 서기로 올려놓았다. 당시 그 일이 문제가 되는지 모르고 그저 명단에만 올라 있을 뿐이라 생각했지만 한참 뒤 문제가 된다는 것을 알게 되었다. 어쨌든 여러 가지로 어려움이 있어 결국에는 퇴사하게 되었다. 비전이 보이지 않았다.

쇼핑몰 1세대로 퇴근이 늦는 건 다반사였다. 매일 마지막 버스를 타거나 택시를 타고 들어가거나 해야 했다. 열심히 일했으나 억울했다. 내 것은 하나도 없었으니 말이다. 그래도 일은 나름 재미있었다. 손가락 관절이 쑤시고 테니스 엘보가 생겨 어깨까지 말을 안 들을 지경이 되어도 근무시간에 병원을 가본 적 없었다. 감기로 많이 아파서 출근을 못 할 것 같아도 단 한 번의 병가를 낸 적도 없었다.

살아도 밑 빠진 독이었다. 채워짐이 없었다. 박봉에 교통비 지급도 없었지만, 묵묵히 내 일만 집중하는 스타일이어서 불평 없이 일했다. 하지만 지나치게 참는 건 좋은 일은 아니었다. 곪아 터지는 순간이 반드시 오고 결과가 좋지 않기에 때때로 불편 사항, 개선 사항 등 싫은 이야기도 곧잘 할 줄 알아야 했다. 좋지 않은 결과의 화살이 내게 오는 경우가 생기니 지나치게 열심히 일 한 것마저도 후회가 되었다.

홀로 모든 것을 해결해야 하는 서울 생활은 견디기에 버거웠지만, 살아야 하니 헤쳐나가야 하는 냉정한 곳이었다. 소처럼 일하는 건 도움이 되지 않았다. 자기 계발도 하고 커리어도 쌓아가야 하는데 당시만 해도 저녁이 보장되지 않는 직장인의 삶을 벗어 날 수 없었다. 직업에 귀천이 없지만, 당시 난 자영업을 안 좋게 생각하는 편견이 있었다.

그러나 점점 직장 생활은 무의미해졌고 시간만 가기에 흥미를 잃어 내 일을 찾고 싶었다. 평소 사람 만나는 걸 좋아하고 어울리는 걸 좋아했다. 그때부터 여러 가지 되는 대로 해보았다. 실패도 많았다. 모든 걸 스스로 책임져야 했다. 실패 요인은 다 있겠지만 운이 안 좋은지 번번이 안 되는 게 더 많았다. 운을 탓하기보단 자본주의의 생명인 시장에서 살아남지 못한 결과였으리라.

다시금 힘을 내어 일어나야 했다. 이후 코스메틱 쪽 일을 하던 시기에 이틀도 안 자고 일한 적이 있다. 일에만 몰두했다. 15시간씩 여덟 달을 하루도 못 쉬고 일한 적도 있었다. 5년여 동안 아플 때가 종종 있었는데 어느 즈음부터 심하게 아프기 시작했다. 30대 중반 지나면서 체력이 받쳐 주지 않았다.

정신이 육체를 지배할 수 있다고 생각했으나 그게 아니었다. 쉬어야 할 시간도 필요했으나 쉬지 못한 결과였으리라 생각한다. 의사들에게 '너무 힘든 일 하는 것 같다. 쉬어야 한다.'를 여러 차례 들었지만 그렇게 편하게 살 수 있는 인생이 아니었다.

걷잡을 수 없이 아프게 되자 모든 게 거짓말처럼 귀찮아졌다. 사람에도 지쳤고 일에도 지쳤다. 내 인생에 나는 없는 기분이었다. 아프니 초라했다. 이루어 낸 게 없어서 더욱 초라했다. 그럼에도 쉬어가야 하는 시간이 온 것이다. 서너 시간의 수술 시간과 날짜 예약을 하고 한 달이라는 시간을 보내는데, 착잡한 심정에 혼란스러웠다. 수술실에 들어가며 모든 액세서리를 빼고 파란색 수술실용 환자복을 입고 들어가는데 삶의 모든 것이 무의미해지던 그 순간을 잊지 못한다. 이후 오랫동안 칩거했다. 성찰했다. 무엇을 얻고 싶었던 걸까? 좋은 집, 좋은 차, 좋은 배우자…. 부를 꿈꾸었을까, 화려한 생활을 꿈꾸었을까?

이제부터는 진정으로 내 인생을 살리라

유년 시절 안 좋았던 기억과 가까이서 행복한 가정을 보지 못하였기에 결혼에 대한 막역한 두려움과 거부가 있었다. 이십 대 초반에는 35세 정도에 결혼하고자 계획했다. 33세부터 그간의 사람들 안에 배우자를 찾았지만, 쉽게 연이 되지 않았다. 난 오랫동안 사람을 알아가는 편이었고 배울 점이 있는 존경할 만한 사람을 배우자로 원했다. 살아가면서 자연스럽게 이루어지는 결혼 과정이지만 내겐 아주 크고 어려운 문제였다.

독신으로 산다는 다짐도 했으나 아프기 시작하면서 노후에 혼자 살 자신이 없어 늦은 나이에 친구 같은 사람을 만나 결혼했다. 늦은 나이에 눈에 넣어도 아프지 않을 아이도 낳았다. 내 생에 가장 잘한 일이다. 자식을 낳아야 철이 든다는 말이 실감 되었다.

아이를 키우며 부모의 수고를 알게 되고, 어떻게 사랑하는지 어떻게 키워가는지 하나씩 비로소 알아가게 되었다. 세상에 가장 큰 사랑은 이성 간에 사랑이 결코 될 수 없다. 세상에 가장 큰 사랑은 부모 자식의 사랑이라고 확신한다. 그 큰 사랑인 두 분을 하늘나라에 보내고 난 후 뒤늦게야 알게 되었다. 얼마나 한없이 자식들을 사랑하는지 말이다. 한없이 다 주고 싶었지만 그러지 못함에 얼마나 눈물겨웠을지, 잘 가르치고 싶고, 뒷바라지해 주고 싶으셨을지, 누구보다 잘 되길 응원하셨을지. 아버지는 생에 단 한 번도 표현한 적 없지만 이제는 안다. 누구보다 자식을 사랑하는 마음을 가슴속에 품고 있었는지….

자식을 키우며 날마다 기도하는 심정으로 하루하루를 보내기에 비로소 알게 되었다. 부모님이 떠난 지금에야 진정으로 이해하고, 제대로 사랑하는 법을 알게 되었으니 나란 사람은 참 미련하다.

아이가 생기니 세상의 모든 기준점이 아이가 되었다. 왜 결혼하지 않는다 생각했는지, 왜 아이를 낳지 않는다 생각했는지 다시 느끼는 순간과 마주했다. 결혼이 거대한 산처럼 느껴져 미리 겁을 먹고 포기하는 마음에 그리 단절된 생각을 했었을까? 물론 아이를 낳고 키우는 일은 쉬운 일은 아님이 분명하다. 자신을 온전히 내어주는 일이다. 가정을 위해 인내하고 헌신하는 일 또한 쉬운 일이 아니다. 자신을 갈고 닦아야 하는 일이다.

이제는 곁에 누군가로부터 '결혼하지 않는다, 아이를 낳지 않는다.'는 말을 듣게 되면 난 자신 있게 조언하곤 한다. 내가 늦게 가봤는데 좋은 일이 아니다 혹은 다 때가 있으니 적당한 시기에 짝을 만나 두세 명 낳아 키우라고 말하는 결혼 전도사가 되었으니 알 수 없는 인생이다. 내 젊은 날에 어른들이 하시던 고리타분한 말을 내가 하고 있다니. 아니다, 그것은 진리인 것이다.

부모에 효도하며 책임감과 성실함으로 본인의 삶에 충실한 남편의 모습은 나를 철들게 했고, 다른 길은 보지 않고 원칙과 소신으로 자신의 길을 걸어가는 남편은 언제나 나의 든든한 지원군이 되어 주었다. 소박한 일상을 꾸리며 함께 하루하루 성실하게 살아나갔다. 현재에서 최선을 다했다. 아이를 양육하는 일에도 최선을 다했다.

오롯이 내 삶에 집중해 한 걸음 한 걸음 꿋꿋하게 걸어 나아갔다. 있는 그대로, 더 이상의 꾸밈을 멈추었다. 겉을 꾸미지 않고 내면의 소리를 들으며 나아갔다. 어떤 브랜드 옷을 입었는지, 어떤 브랜드 백을 들었는지, 내게 그런 건 중요한 게 아님을 어느 순간 비로소 알게 되었다. 겉모습과 가진 것으로 사람을 판단하는 사람이 있다면 참으로 어리석은 사람이 아닐 수 없음을.

소탈하게 바꾸자 비로소 내면으로부터의 자유가 찾아왔다. 사회적 미소에도 신경 쓰지 않았다. 감정노동자로 살아간 과거의 틀을 깨고, 있는 그대로 감정을 표현하니 진정한 자유로움이 찾아와 도시적인 스트레스가 덜함을 느꼈다.

상대에게 편안한 마음을 건네는 일, 진정으로 마음을 건네는 일, 말없이 행동으로 실천하는 일, 진심으로 행할 수 있다면 그게 종교이고 수행이었다. 한번 밖에 살지 못하는 생이기에. 후회 없이 미련 없이 살아 보리라. 현재와 미래는 내가 선택할 수 있고, 내가 어떻게 하느냐에 따라 얼마든지 달라질 테니….

일

젊은 시절 복잡했던 서울 생활을 벗어나 이제는 고향으로 돌아와 자연 안에서 위로받는 평범한 삶을 사는 사람이 되었다. 자연과 바다를 벗 삼아 소소한 여행을 즐기며 카페를 투어하며 충만한 하루하루를 보내고 있다. 그리고 이 경험은 '소박한 일상'이라는 블로그를 통해 고스란히 기록하고 있다.

주로 현재 머무르는 고흥을 주변으로 한 전남 지역을 담아내고 있는데, 대부분 소소한 여행지와 카페를 투어하는 모습을 담아낸다. 화려하진 않지만 마음에 쏙 드는 여행지를 만나면 저절로 그 모습을 카

메라에 담게 된다. 얼마 전 다녀온 여수의 한 여행지를 블로그에 기록했는데, 블로그에 기록하니 여행지에서 느꼈던 마음을 계속 간직할 수 있어 좋았다.

또한 예쁜 카페를 방문하고 느낌을 기록하고 있다. 특히 아이와 함께 분위기 좋은 카페에 앉아 있으면 저절로 힐링이 되는 기분이다. 얼마 전 고흥의 한 카페를 다녀왔는데, 그 카페는 그림과 시와 함께 있는 곳이었다. 주인장의 솜씨와 그림과 시가 만나니 그렇게 근사할 수가 없었다. 그런 순간을 잊고 싶지 않아 역시 블로그에 기록해 두었다. 남들이 보면 너무 소소하게 느낄지도 모르겠다. 하지만 내가 좋아하는 커피와 함께 하면서 느꼈던 행복한 기분을 담아내고, 또 그것을 공유하며 나누는 그 마음은 결코 소소하지 않다.

소탈한 인생, 세상을 이롭게 하는 더욱 좋은 일

고교 시절 막연하게도 인생에서 가장 본격적으로 힘 있게 일할 수 있는 시기가 사십 대부터라 생각했던 적이 있었다. 물론 청년의 삶은 역동적이지만 중년의 삶은 청년의 경험으로 안정감이 있다. 크게 요동치지 않는다. 생각보다 사십 대는 빠르게 다가왔다. 사십 대 중반에 접어든 지금 한 해 한 해 시간이 참으로 빠르다.

이제 본격적으로 일할 시간이 온 것이다. 편하고 쉽게 일하고픈 생각은 없다. 난 내 딸의 엄마니까. 내 아이에게 모범이 되어야 하고, 엄마를 보며 세상을 배울 테니 막중한 책임이 있다고 생각한다. 아이는 엄마를 가르치는 스승이 되어 주었다.

'3명의 친구만 있으면 성공한 것이다.' 라는 말이 있다. 그렇다면 난 이미 성공했다. 찐한 젊은 날을 함께 한 친구가 있으니 말이다. 비록 멀리 떨어져 있지만 항상 곁에 있는 것처럼 언제 만나도 편하고 재미있다. 나처럼 재미없는 사람을 항상 웃게 하고 편하게 대해주는 친구, 생일마다 작은 정성을 보내주는 친구 같은 언니, 또한 친구처럼 지내고 어떤 일이든 이해해 주는 듬직한 남편이 있으니 말이다. 이미 성공한 것으로 믿고 지금부터는 진정으로 내가 하고자 하는 일을 하며 오로지 내 의지대로 살아가리라 다짐해본다. 내 인생은 내가 그려나가는 그림이자 내가 써 가는 글이므로.

작게 시작해 보고자 한다. 우선 10권의 책을 쓴 작가가 될 것이고, 10곡이 든 앨범을 내고, 동시에 소외계층과 약자를 돕는 사회사업가로서 소망이 있다. 좋은 생각과 선한 마음을 가진 사람들과 더불어 좋은 세상, 따뜻한 세상에서 사람이 중심이 되고 기본이 되는 안전한 세상을 위해 노력하는 사람이고 싶다. 적어도 내 아이가 살아갈 세상은 온기가 있는 세상에서 안전하게 자라 나갈 수 있도록 돕고 싶은 마음이다.

　사람의 마음은 돈으로 얻을 수 없다. 물질로 산 마음은 잠깐일 뿐이다. 진정으로 행하고 진정으로 마음을 건넴으로 시작한다. 이제는 소박하고 소탈하게 살아가는 일이 내 꿈이 되었다. 현명한 사람은 일상을 지켜내는 사람이라 한다. 그저 평범한 오늘 하루가 내겐 더없이 소중한 하루이자 그게 바로 미래의 내 꿈이다. 더불어 세상을 이롭게 하는 좋은 일을 할 수 있다면 그것으로 족하다. 이제 더욱 일에 매진해 보려 한다. 세상을 이롭게 하는 더욱 좋은 일을 하기 위해 일어나 같이 가자꾸나! 나의 인생아!

메시지

　결혼하고 아이를 낳은 지 7년이 되었다. 돌이켜보면 그동안 많은 일이 있었다. 내 생에 결혼은 없다고 생각했지만 꽤 괜찮은 짝꿍을 만났다. 그리고 아이를 낳지 않겠다고 생각했지만 눈에 넣어도 아프지 않을 딸아이를 낳았다. 내 인생에 없을 것만 같던 순간들과 마주하면서 하루하루가 너무 행복하다.

　조금 더 욕심을 내보자면, 이제는 본격적으로 나의 일과 사업을 시작하고 매진하고 싶은 마음이다. 하지만 그 과정은 천천히 정도를 걷는 방향으로 진행할 것이다. 이미 겪은 시행착오들로 빠르다고 생각했지만, 아니었던 길은 결국 돌아가게 만든다는 걸 알 수 있기에 충분했다. 나만의 속도로 느리지만 내가 맞다 생각하는 방향으로 나아가고 싶다.

내게도 일에 관한 한 누구보다 열심이었으나 마음은 늘 공허함과 우울감으로 가득 찼던 시기가 있었다. 모든 것을 경험으로 배우느라 나의 청춘을 온전히 다 바쳤지만, 삶이 참 버겁게 느껴진 순간의 연속들이 분명 있었다. 그러나 그 시간이 쌓여 지금의 내가 되었듯이, 이제는 이 글을 읽는 누군가에게 위로와 힘을 주는 사람으로 다가서고 싶다.

오프라 윈프리가 불행했던 경험을 녹여 내어 진정으로 위로와 사랑으로 감싸 안아 더 큰 사람이 될 수 있었던 것처럼 나 또한 그러한 존재가 되고 싶다. 누구든 자신만의 아픔과 힘든 시기가 있음을 알고 있다. 하지만 나만의 아픔 안에 스스로 가두고 더 성장 발전하지 못했던 청춘 시절을 지나고 보니 그 시간이 꼭 필요한 성장의 시간이 되었음을 깨닫게 되었다. 그래서 감히 이 글을 읽는 독자들에게 말씀 드리고 싶다. 성급하게 바로 결과를 얻으려는 조바심을 버리고 시간이 걸리더라도 인내하고 또 인내하라고 말이다. 하루하루 시간이 지나면 반드시 이루어진다고.

- 前) 말레이시아 하나투어 가이드
- 前) 팬스타 크루즈 승무원
- 前) 키움에셋플래너 팀장
- 前) 시티은행 여신담당
- 한화금융서비스 근무 중
- 코디네이터 자격증 보유
- 손해보험 / 생명보험 자격 보유
- 변액보험 판매관리사 자격 보유
- 금융컨설턴트 1급 보유
- MBTI심리분석사 1급 보유
- 심리상담사 1급 보유
- 극도로 이쁨받는 아내이자 두 딸의 엄마
- 네이버 인물 등재

이메일 anna_yj@naver.com
블로그 http://blog.naver.com/anna_yj
연락처 010-6428-9630
팩 스 0504-476-9630

최유진

15

두 아이의 엄마,
커리어 우먼이 되다

 너는 꼭 말로 하는 직업을 가져라.
 사람이 좋고 대화하는 걸 즐기며 지루해하지 않는 나는 말하는 직업이고 경청해야 하는 직업을 하고 있다. 승무원 시절 지상에서 '진상 처리반'이라는 소문이 있었다고 한다. 다른 누군가에겐 진상이 되는 승객, 클레임을 거는 사람조차 나에게는 지나가는 똑같은 승객이었다. 나는 말을 잘하는 사람이 아니라 상대의 울림을 아는 직원이었던 것 같다.
 두 아이 엄마이지만, 나는 내가 되고 싶다.
 아직 오지 않은 40대를 바라보며 오늘보단 내일이 기대되는, 우유부단함보단 강단이 있는 멋있는 여성이 되는 꿈을 꾸며 매일 하루를 시작한다.

두 아이의 엄마,
커리어 우먼이 되다

낙천적으로 살아온 현재 33세

부산 송도 바닷가 앞에서 나고 자라 나는 물을 좋아한다. 그래서인지 여름을 너무 사랑하는 여자아이가 되었고, 눈만 뜨면 바다에 뛰어들고, 테트라포드가 어릴 적 나의 놀이터였다. 천진난만하고 낙천적인 나는 부모님 말씀을 잘 듣지 않는 아이였다. 1남 2녀 중 막내로 태어나 막내들만 할 수 있다는 막내다운 행동도 많이 했고, 사랑도 모자람 없이 받고 컸다.

부모님은 늘 바쁘셨다. 추운 겨울에도 더운 여름에도 쉬지 않고 일하시고, 그 와중에 우리 남매들의 서포트도 늘 끊임없이 해주셨다. 그때는 그게 당연하다 생각했다. 어떻게 그렇게 일만 하시며 달려오셨을까? 현재도 진행형이다.

어릴 적 누구나 그랬겠지만, 아버지는 무척 엄하셨고 어머니는 엄한 아버지와 우리 중간에서 많이 힘들어하셨다. 그런 환경 속에서도 나는 요리조리 하고 싶었던 건 하며 성장해왔다. 몰래 하는 일은 대한민국에서 내가 1등으로 잘할 것 같다. 지금 생각해보면 내가 해야겠다고 생각한 모든 일과 행동은 직진으로만 향했다. 가장 이뻤을 나의 전성기 20대 청춘을 함께한 사람과 오랜 연애 끝에 결혼하고 너무 이쁜 두 딸을 얻고, 한 가정을 꾸려 일과 육아 가정에서 내가 할 수 있는 최선을 다해 살고 있다.

27살 결혼을 하고 1년이 되는 즈음 첫아이가 생기고, 생각지도 못했던 내 인생의 흐름이 그렇게 누구나 그러하듯이 흘러가고 있었다. 나에게 가장 강력한 게 뭐냐고 물어본다면, 난 첫 번째로 지치지 않는 체력이라고 말할 수 있다. 두 아이 모두 출산 하루 전날까지 일하고 분만을 했다. 체력도 받쳐줬지만, 내 일이 너무 좋았고 사실 분만하고 나면 조리원에서 잠을 많이 잘 수 있다고 하여 그때 못 잔 잠 다 자자는 생각도 있었다.

두 번째는 무한 긍정이라고 말할 수 있다. 모든 사고방식에 있어 어떠한 면에서도 일단 먼저 긍정이다. 그 이후는 없다. 긍정이 있다면 부정은 사라지는 거라고 생각한다. 친한 친구들은 어떨 때 나에게 질문을 하다가 멈춘다. '넌 YES라고 할 거니까' 라며 말이다. 긍정적인 사람 주변에는 모두가 긍정적이고 좋은 기운이 있다. 난 이런 기운을 내 주변, 앞으로의 만날 인연들과 함께 나누며 좋은 에너지만 전달하고 싶다.

세 번째는 경청이다. 어릴 적부터 친구들의 고민 상담을 많이 해주었다. 누군가의 얘기를 나의 상황처럼 접목해서 집중해서 들어주는 게 진심이 통하는지 아직도 많은 지인이 얘기를 늘어놓는다. 나에게 가장 많은 고민을 털어놓는 한 친구는 얘기하면 사이다 같은 답을 알려주고, 말을 잘해서 좋다고 한다.

내가 되고 싶은 것을 이루지 못했을 때의 나

고등학교 3학년 대학 입학을 앞두고 선생님이 뭐가 되고 싶은지 물어보셨다. 여군, 아나운서, 승무원 너무 많았다. 대학 과를 정해야 했던 나는 며칠 고민에 빠졌다. 나는 항공운항과를 선택했고, 후회 없는 선택이었다. 너무 설레게 쓰고, 마치 비행을 벌써 하고 있는듯한 느낌으로 학교에 다녔다. 다방면으로 수업이 다양했고, 새롭게 접한 호텔 식음료 수업도 인상 깊었다. 승무원이란 타이틀은 비행이 전부가 아닌 트렌디 하면서도 전문성을 갖춰야 하는 직업이라는 생각이 들었다.

유니폼을 입고하는 수업이 많았다. 대한민국을 대표하는 항공사 유니폼이랑 흡사했고 너무 잘 어울렸다. 곧 유니폼을 입을 수 있을 것 같았다. 사람의 성격과 내면 외면은 그 사람이 입고 있는 옷에서도 나타난다는 말이 있다. 3초의 혁명을 아는가? 짧은 3초 만에 잊을 수 없는 인상을 상대에게 심어줄 수 있다는 뜻이다.

대학 재학 기간 중 대한항공 면접이 있어 과 친구들과 모두 서울로 올라갔다. 면접에 입을 셔츠를 사고 헤어, 메이크업을 받고 그토록 기다렸던 면접이 곧 시작되었다. 심장이 터질 수도 있겠다는 생각이 들었다. 그때 떨림이 아직도 요동치는 것 같다. 면접 중 한 심사위원의 사투리가 심하다는 지적을 받고 마음이 좋지 않았다. 여기서 면접에 합격하면 대한항공 승무원으로 바로 취직하는 프리 패스권 같은 기회였다.

불길한 예감일까? 너무 하고 싶었던 나의 꿈이었고 꼭 합격하고 싶었지만, 결과는 아쉽게도 불합격이었다. 마음이 미어지게 슬펐지만, 다음 면접 때 사투리를 정복해야겠다며 면접은 이번이 끝이 아니기에 훌훌 털었다. 그렇게 화려한 대학 생활을 끝마치고 대한항공 지상 승무원으로 교수님의 추천이 있었다.

여기서부터 나의 인생은 달라졌을 수도 있다. 지상 승무원으로 취직을 하면 내가 바라는 비행 승무원의 꿈이 멀어질 것 같은 생각에 거절했다. 바보 같은 생각이었을까? 주변 지인, 가족들은 나를 나무랐다. 그렇게 지상직을 거절하고 또 한 번의 기회가 찾아왔다. 이번엔 크루즈 승무원으로 나에게 기회가 왔고, 왠지 모르게 너무 하고 싶었다. 일본을 왔다 갔다 하는 640명 정원에 아주 큰 크루즈였다.

학교 도서관에 몇날 며칠 자소서를 준비했다. 컴퓨터 탓인지 여러 번 자소서가 날아가기도 했다. 그렇게 5번의 자소서를 쓰고 지원했다. 합격이었다. 지상이 아닌 물 위에서 선원 생활을 시작한다는 것에서 또 다른 설렘이었다. 신기함의 연속이었고 내가 학과 수업으로 배웠던 것들이 배에서도 다 접목이 되었다. 그렇게 비행 승무원에서 크루즈 승무원으로 하늘이 아닌 바다 위에서 나의 20대가 시작되었다.

두려워하지 마라, 해보고 고민에 빠져라

성인이 되고 첫 도전은 대학 방학 때였다. 고등학교 때보다 성인이 되어 더 놀고 싶었던 방학에 교수님께서 해외에서 가이드를 해볼 학생이 있냐는 말에 나는 번쩍 손을 들었다. 두 번째로 부모님 곁을 떠나 국내가 아닌 해외로 4개월 동안 떠나게 되었다. 코타키나발루에서 가이드 삶이 시작되었다. 비행기에서 내렸을 때의 그 공기가 아직도 내 코를 반긴다. 동남아의 습함, 더움이 나에게는 어색하지 않았다. 여름을 좋아하는 내가 있을 곳이 딱 거기였다. 마냥 신기했지만, 실전에 부딪히며 난관이 시작되었다. 코타키나발루의 역사를 모두 알아야 했고, 내가 마치 이 나라의 몇 년을 살았던 것처럼 다 알아야 했다.

그렇게 또 닥치면 다 되듯 6~8인승 작은 봉고에서부터 시작해 나는 현지 가이드가 되어 갔다. 어느 날 봉고가 아닌 24인승 대형버스에서 가이드를 해도 되겠다는 선배의 제안이 있었다. 첫 24인승을 올라타고 관광버스 자리를 가득 채운 관광객들이 내 얼굴만 보고 있었다. 대한항공 면접 때만큼 떨렸던 순간이었다. 나만 보고 있는 관광객들이 유치원생 같았고, 나는 유치원 선생님이 된 기분이었다.

나도 모르게 눈물이 스멀스멀 올라와 고개를 돌려 어디까지 왔나 확인하는척하며 눈물을 조금 머금은 그때, 현지 가이드가 '파이팅! 할 수 있어!' 라며 응원해주었다. 며칠을 같이 할 우리 유치원생들에게 솔직하게 털어놨다. '처음 타는 24인승이고 너무 떨린다. 최선을 다해 여행기간 동안 추억을 함께 만들어가자. 많은 응원 바란다.' 했더니 엄청난 박수와 함께 소리 지르며 찬사를 받았다. 우린 버스 안에서 끈끈한 연결고리가 생겼다.

점점 베테랑이 되어가고, 관광객들과 지내는 값진 시간, 여행 꿀팁도 전해주며 나는 어느새 이 나라에 스며들어 내 본분을 다하고 있었다. 삼성전자의 급여보다 더 많은 대가가 있었고, 일의 뿌듯함을 느끼고 많은 정이 들 즈음 가이드 생활을 끝마치고 학업으로 돌아왔다. 갔다 오길 정말 잘했다는 생각과 함께 더 넓은 시야에서 많은 걸 느낄 수 있었던 감사함과 경험은 돈으로 살 수 없기에 기회가 찾아온다면, 꼭 많은 경험을 해봤으면 한다. 기회가 왔다면 선 결정 후 고민도 나쁘지 않다.

공백기가 있던 어느 날 나는 코디네이터 자격증을 땄다. 누구든 도전이 가능한 자격증이다. 한의원 간호조무사로 1년 정도 근무 후 보험영업을 시작했는데 많은 도움이 되었다. 내가 경험한 모든 것들이 결국은 쓰이게 되고, 헛되게 보낸 시간은 결코 없었다. 창업하기 위해 그 업종에서 6개월은 일을 해봐야 안다는 말이 있듯이 보험과 병원 건강이 같이 연결되어 있다 보니 병원에서 일했던 경험으로 인해 업무 이해 속도가 2배는 빨랐다.

어쩌다가 마주한 일, 천직이 되다

결혼하고 잠시 슬럼프에 빠져있던 시기가 있었다. 어느 날 보험영업을 하고 있던 친언니에게 점심 먹자는 연락을 받고 겸사겸사 언니 직장 근처로 가서 밥을 먹었다. 언니는 나에게 보험영업을 해보지 않겠냐는 뜻밖의 제안을 했다. 당시 난 보험에 대해선 아무것도 모르는 상태였고, 더구나 보험은 나이 드신 분들만 한다는 편견을 지니고 있었다. 하지만 운명이었을까? 나도 모르게 면접을 보게 되었고, 면접 당시 가슴을 울린 말을 듣자 나는 뭔가에 홀린 듯 눈물을 흘리며, 해보겠다고 했다. 또한 나이 드신 분들만 보험영업을 한다는 생각은 나의 착각이라는 것도 알았다. 멋진 정장을 입고 당당하게 일하는 내 모습을 그리며 집에 돌아왔다.

나의 인생 2막 보험영업을 시작하게 되었다. 정말 감사하게도 입사 후 업적을 잘했고, 수상자 대상에 오르기까지 했다. 중국의 첫 레드 카펫을 밟으러 갈 수 있는 기회가 있었지만, 아쉽게도 일 시작과 동시에 임신이란 소식을 접하게 되어 나에게는 9개월의 시간이 주어졌다. 출산하고 육아휴직 동안 코로나19가 시작되었고 모두를 힘들게 했던 힘든 시기였지만, 더 넓은 곳에서 다양하게 일할 수 있는 곳으로 가게 될 좋은 기회로 이직을 하게 되었다.

새로운 직장에서 일 시작과 동시에 두 번째 임신 소식을 접하게 되면서 많은 생각이 들었다. 첫째 이후로 둔해졌던 탓인지 4개월 만에 임신이란 걸 알아차렸고, 이번엔 6개월의 시간이 주어졌다. 임신과 출산을 반복하며 일에 있어 많이 아쉬웠던 연속이었다. 여자의 삶이란 선택과 집중에 있어 가끔 예정되지 않은 상황도 찾아온다는 것을 인정하고 받아들여야 했다.

엄마인 내가 필요한 손길이 어느 정도 지났을 때 즈음 복귀를 해서 누구보다 간절하게 일을 했던 것 같다. 보험은 양심, 마음 둘 다 팔

수 있다. 그 선택의 기로에 있어 결정과 책임이 뒤따른다고 생각한다. 새롭게 만나는 고객 한 분 한 분 중 나에게 의지하는 분도 있고, 아직 신뢰가 쌓이지 않은 고객도 있고, 가족보다 더 연락을 많이 하는 고객도 있다. 가족에게 많은 애착이 있듯이 내가 만나는 모든 고객도 내겐 가족 같은 사이다. 보험영업은 정말 어려운 일이라고 생각한다. 건강과 동시에 돈과도 연결되는 이 보험은 고객에게는 단순히 보험이 아닌 전 재산이라고 생각한다. 형편이 넉넉지 못해 망설이는 순간을 마주할 때 그날은 내 마음도 괜히 미안해진다.

내가 힘들어도 보험영업을 할 수밖에 없는 힘은 고객에서부터 받는다. 나의 한마디, 남들과 다른 정보력, 능력, 정확함으로 인해 무슨 일이 있을 때마다 나를 찾는 고객분들을 위해서라도 끝까지 하고 싶다. 90도로 고개 숙여 감사하다고 할 때, 이 일을 하기 정말 잘했다는 생각이 들곤 한다. 한때 보험영업을 한다고 말하기가 어색할 때가 있었다. 나 역시도 고정관념이 있었고, 확신이 들지 않았기 때문이다. 지금은 내 일이 자랑스럽고, 많은 도움을 주고 있다.

제일 큰 장점은 두 아이 엄마로서 시간의 유동적인 게 메리트다. 나는 1인 사업가다. 어떤 행동들과 마음가짐이 이 영업으로 바이오리듬이 나타난다. 참 매력적인 직업이다. 단점이라고 구태여 말한다면, 눈만 뜨면 하는 일이 사람과 건강으로 이어지는 일이다 보니 건강하게 만났다가 아프다는 연락을 받았을 때 마음이 참 쓰리다는 점이다.

건강을 이길 수 있는 건 없다

하루하루 오늘만 살다 보니 미래에 대해 꿈꾸고 있는 게 잠시 머뭇거려진다. 보험영업을 하면서 미래에는 한 직책을 가지고 자리에 앉아 있지 않을까 생각한다. 내면이 다듬어지고 성숙해져서 내가 만나는 한 분 한 분 진심을 공유하고 계속 성장해가는 두 아이 엄마, 자랑스러운 여자이고 싶다. 이왕 시작했다면 같은 무리 속에서도 남들과는 다른 비전이 있어야 된다고 생각한다.

모든 영업인의 급여는 일정하지 않다. 1년 중 이벤트가 많은 달, 혹은 코로나19처럼 예기치 않은 이변과 같은 이유도 있을 것이다. 일정하기 위해선 정말 많은 시간 투자, 노력을 해야 한다. 영업은 어쩌면 한없이 부지런할 수도 있는 직업이지만, 한없이 시간이 많아질 수도 있는 직업이다. 정해져 있지 않은 급여 속에 희망이 있다면 급여의 반은 모으고 싶은 목표가 있다.

두 아이 이름으로 된 통장이 있다. 관리하지 않아도 되는 빈 통장이다. 중학교 입학 전까지 대학을 마칠 수 있도록 어떤 리스크가 와도 흔들리지 않을 통장을 만드는 게 현재 목표이기도 하다.

머지않아 자격증 두 개 정도에 도전하려 한다. 계획은 했기 때문에 시작이 반이다. 한편 아쉬움이 남아있는 심리상담사 자격증을 준비해 보려 한다. 나의 어릴 적 꿈이기도 하다. 또 하나는 공인중개사 자격증도 감히 도전해 보려 한다. 어렵겠지만 미래에 더 나은 내가 되기 위해 계속 도전하고 발전하고 싶다. 재테크에도 관심이 있는 편이고, 부동산 쪽 정보는 아는 것이 힘이기 때문에 조금 더 깊게 들어가서 공부해 보고 싶다. 앞으로 우리 가족이 살아야 할 집도 내가 잘 선택한다면 너무 좋을 것 같다.

몸도 마음도 머리도 건강한 미래가 되고 싶다. 2년 전 3월, 아직 겨울이 가지 않은 조금은 쌀쌀했던 어느 날 아버지는 안타깝게도 골든타임을 지키지 못해 조금 일찍 우리 곁을 떠났다. 하고 싶은 말이 너무 많지만 나를 너무 사랑했던 우리 아버지. 그래서 나는 어머니를 건강이 허락하는 한 오래오래 곁에 두고 함께하기 위해 매일매일 눈 뜨면 전화부터 한다.

하고 싶은 일, 되고 싶은 거, 바라는 거, 앞으로 가야 할 미래에는 건강이 우선이다. 나를 제일 아끼고 사랑하는 일이 첫 번째이며 건강해서 엄마로, 아내로, 커리어 우먼으로 오래오래 이 자리를 지켜야 성공한 삶이지 않을까 생각해본다.

서툴더라도 네 인생을 응원해

결혼을 하고 두 아이를 낳고 보니 변화가 참 많았다. 기분이 좋지 않을 때 기운이 아이에게도 가정에도 그대로 전달이 되었다. 내가 제일 먼저 행복하고 좋은 에너지가 있어야 그 기운을 가까이 있는 사람에게도 줄 수 있는데 우리는 매번 같은 실수를 반복하곤 한다. 이걸 보는 엄마들은 다 공감할 것 같다. 나는 매우 활동적인 사람이다. 육아로 지치거나 힘들 때 일하면서 힘이 난다. 에너지를 채우고 또 집에 와서는 육아가 시작되지만, 아침에 등원시키고 출근하는 길이 아직도 너무 행복하다.

어쩔 수 없는 상황들로 경력단절이 되고 슬럼프에 빠진 여성분들에게 꼭 해주고 싶은 말이 있다면, 지금부터 나의 자존감부터 높였으면 좋겠다. 만삭 때 최고 몸무게 85kg을 찍고 아이를 낳았다. 식단은 거의 하지 못했고, 운동으로만 35kg을 감량했다. 그때 자존감이 빠진 몸무게만큼 급상승했다. 다시 내 몸무게를 찾았을 때 뭐든 할 수 있을 것만 같았다. 욕심이 더 생겨 바디 프로필도 찍고 싶고, 운동을 전문적으로 하고 싶었던 때가 있었다.

자존감을 높일 수 있는 요소들은 정말 많다. 그렇게 잠시나마 떨어져 있던 자존감을 찾고 나면, 계속 욕심이 생길 것이다. 지붕 밑에 없어서 안 될 우리 엄마들도 제일 먼저 행복해야 할 권리가 있다. 평생 우리 두 딸들에게 일하는 바쁜 엄마이고 싶다. 모자라지 않은 교육, 앞으로의 삶에서 보고 배워야 할 것들을 하나도 놓치지 않았으면 좋겠다. 두 아이를 위해서라도 내가 행복하고 멋있고 능력 있는 엄마가 되기 위해 지금 노력하고 있다. 우리는 메여있는 삶도 배워야 하고, 그럴 수밖에 없는 현실을 받아들이는 것 또한 성장하는 과정이지 않을까?

엄마이기에 하고 싶었던 꿈을 포기해야 했던 그 간절했던 마음을 존경한다.
엄마이기에 항상 주기만 주던 그 넓은 아량을 존경한다.
엄마로 살아왔던 아직도 엄마로 헌신하며 사는 그 인생을 존경한다.

엄마가 되기 전엔 알지 못했던 삶. 많은 감정이 오고 가며, 성장하며, 나를 또다시 배움의 문턱에 서게 하는 것 같다. 사막 같은 각박한 도시의 삶 속에서 다른 사람과 발맞추려 애쓰지 않고 나의 인생을 살아가는 또는 준비 중인 멋진 여성들을 응원하고 존경한다. 누군가의 엄마이기 전에 이 세상의 중심은 나다.

| 에필로그 |

　책이 주는 즐거움과 유익함은 간접 경험을 통한 배움과 깨달음이다. 공동 저서의 장점은 여러 사람의 경험과 다양한 사례를 한 권의 책으로 만나볼 수 있다는 것이다. 우리의 꿈, 실행, 일, 소망과 계획 그리고 메시지는 진짜 나로 살고 싶은 여성들에게 많은 공감과 위로가 되리라고 믿는다. 그리고 스스로를 돌아 보는 거울이 될 것이다. 우리는 진짜 나로 당당하게 살고 싶은 분들을 위해 있는 그대로의 우리의 이야기 담으려고 노력했다.

　함께한 작가님의 대부분은 책쓰기가 처음이신 분들이다. 용기를 내어 참여했지만 생각만큼 글이 잘 써지지 않아 힘듦과 어려움도 있었다. 경험과 배움을 누군가에게 생생히 전달하고, 글이라는 메시지로 담는 일이 어려움 일임을 누구보다 잘 알기에 응원과 용기를 주려고 노력했다 우리는 서로를 믿어주고 기다려주며 포기하지 않고 결국 해냈다.

　바쁜 일상에도 소중한 마음과 시간을 내어준 작가님들에게 이 자리를 통해 깊은 감사의 인사를 전한다. 한 권의 책이 나오기까지의 수고로움을 알기에 아낌없는 칭찬과 격려도 함께 한다.. 소중한 경험을 용기 있게 나누어준 최정선 안혜욱 이나겸 이선영 이명희 이순아 이은미 이영주 박정미 문영미 김주현 최지혜 정세현 최유진 작가님과 함께 출판의 기쁨을 나눈다.

우리의 프로젝트에 원고 교정 담당으로 함께 하며 열과 성을 다하고 따뜻한 말로 작가님들에게 큰 용기를 준 이소희 작가님과 출판 전반의 진행을 도와주신 서연하 작가님께 감사를 전한다. 아울러 책 출판을 도와주신 도서출판 등 유정숙 대표님과 출판 관계자분들께도 고마운 마음을 전한다. 마지막으로 우리의 책을 봐주신 독자분들께도 감사 인사를 전한다.

이 땅의 모든 여성들이 행복한 진짜 나로 살아가는 데 도움 되는 책이 되길 바라며 이 책을 마무리한다.

총괄기획 진행 우경하

당신이 이 거대한 세상의 진정한 주인입니다

나연구소는 우리 모두가 내 인생의 주인으로 살아가는 세상을 꿈꿉니다. 우리 인생에는 다양한 가치가 있지만 가장 중요한 것은 진짜 나로 살아가는 것이라고 생각합니다. 진짜 나로 살아간다는 것은 내 마음의 소리를 들으며 내가 원하는 인생을 살아가는 것입니다.

과거의 저 또한 인생을 열심히 살았지만 어느 순간 행복하지 않는 내 모습을 만나고 힘이 들었습니다. 보고 듣고 배운 대로 착하게 살았지만 내 인생은 제가 원하는 모습이 아니었습니다. 덕분에 나 공부와 인생 공부를 하게 되었고 그 원인이 진짜 나로 살지 못했기 때문이라는 것을 알게 되었습니다.

나연구소는 나를 몰라 힘들었던 결핍과 나를 알기 위해 했던 수많은 질문, 마음 관찰, 글쓰기라는 경험에서 탄생했습니다. 제 안에서 나연구소라는 이름을 만난 것은 저에게 매우 놀라운 일이며 사명과 운명이라고 느꼈습니다.

인생을 살면서 배운 많은 것 중 하나는 시간은 유한하고 우리는 무한하다는 것입니다, 우리에게는 죽음이라는 가장 큰 신의 선물이 있습니다. 죽음이 있기에 살아있는 지금 이 순간이 너무도 감사하고 소중합니다. 사람의 능력은 스스로 한계를 정하지 않는 한 무한합니다. 우리 인생의 놀라운 신비는 우리의 생각과 행동이 모든 것을 창조한다는 것입니다. 그리고 존재하는 모든 것은 우리를 위해 존재합니다.

나연구소를 통해서 모두가 내 인생의 주인이 되길 원합니다. 진정으로 하고 싶은 일을 하면서 자신 있고 재미있게, 내일 죽어도 후회 없이 세상을 살아갔으면 하는 바람입니다. 모두의 성취와 이해를 넘어선 평화를 원합니다.

언제나 여러분이 가장 소중합니다. 나연구소 우경하대표